Wenn wir aufgeben, haben die Nazis gewonnen.
Die Mitte der Gesellschaft muss jetzt aufstehen.

gutes leben
bene!

WILFRIED MANNEKE
MIT CHRISTOPH FASEL

GUTER HIRTE BRAUNE WÖLFE

Inhalt

Prolog

Sonnenwende

Die Wiesen hier in der Südheide sind vom Sommerregen feucht. Über ihnen tanzen Mücken. Zwischen Kiefern und Birken grasen schwarz-weiße Kühe auf den Weiden. Bauernhäuser mit reetgedeckten Dächern dampfen in der Sonne. Ein einsamer Radfahrer strampelt die Landesstraße entlang. Wilfried Manneke überholt ihn auf der langen Geraden und drosselt dann den Motor.

Er ist da. Auf einem sandigen Feldweg am Rande der L281 nahe Eschede stellt er seinen schwarzen Nissan ab.

Einige Hundert Meter weiter hat der Landwirt Joachim Nahtz seinen Hof. Seit 1990 veranstalten alte und neue Nazis hier in der Südheide »Sonnenwendfeiern«. Für heute Abend haben sich rechtsradikale Musiker angekündigt. Manche ihrer Namen sind Programm. Neben dem auf den ersten Blick eher unverdächtigen *Barny* aus Jena wird heute Abend eine Gröhl-Band mit dem bezeichnenden Namen *Rommel* aufspielen. Später sollen die beiden sich dann die Bühne mit einer in rechten Kreisen beliebten Unterhaltungsgruppe namens *Flak* und dem aus Braunschweig stammenden Neonazi-Barden *Gassenraudi* teilen.

Neonazis, NPD-Mitglieder, *Der Dritte Weg* und *Die Rechte* haben sich zu dieser Zusammenkunft auf dem Hof bei Eschede verabredet – auch wenn sie sonst miteinander in Konkurrenz stehen. Joachim Nahtz, Jahrgang 1935, gehört seit Jahrzehnten der NPD an. Und er weiß die extremen Rechten zu einen.

Doch es regt sich Widerstand gegen die Treffen. Denn hier, am Abzweig von der L281 zum Hof findet gleich eine Mahnwache gegen die rechtsradikale Veranstaltung statt. Und genau da will Pastor Wilfried Manneke hin.

Drei Typen fallen ihm gleich auf, als er aus seinem Wagen steigt. Sie stehen unweit seines Parkplatzes am Feldrand und beobachten ihn demonstrativ mit dem Fernglas, einer macht offensichtlich Fotos: Jedenfalls hat er den Pastor mit einem dicken Teleobjektiv ins Visier genommen. Die drei tragen so etwas wie eine Uniform: weiße Hemden, schwarze Hosen, kurz geschorene Haare. Einer ist ganz in Schwarz gekleidet und trägt eine weiße Binde am Oberarm – darauf irgendein Text, in deutscher Fraktur, den Wilfried Manneke aus der Entfernung nicht richtig erkennen kann. Soll das »Ordner« heißen? Egal. Anscheinend will man Menschen wie ihn und die anderen Demonstranten beeindrucken – und einschüchtern. Das Signal setzen: »Pass auf, wir sind gut organisiert. Wir kennen dich. Wir kriegen raus, wo du wohnst …«

Pastor Manneke kennt solche Einschüchterungsversuche. Ach ja, solche Drohungen haben sie ihm auch schon in den Postkasten geworfen. Mehr als einmal.

Doch der evangelische Seelsorger ist entschlossen, sich all dem nicht zu beugen. Er öffnet die Seitentür seines Nissans und holt ein Plakat von der Rückbank. Darauf steht: »Die Heide blüht lila und nicht braun«. Es ist sein Plakat. Er will auch heute ein Zeichen setzen. Denn eines weiß er: Man kann denen, die jetzt dort drüben auf dem Hof hetzen und Hass verbreiten, die sich in ihrem Fanatismus gegen alles, was anders ist als sie selbst, suhlen, nicht einfach das Feld überlassen. Man darf vor allem nicht länger wegschauen, die braune Brut nicht gewähren lassen. Das wäre das falsche Signal. Denn dort, wo Neonazis ungestört ihre menschenverachtende Gesinnung verbreiten; wo sie gegen alles, was ihnen nicht ins rassistische Weltbild passt, Hetzparolen verbreiten; wo sie gegen Migranten, Andersdenkende, Schwule, Lesben und Menschen mit linker politischer Überzeugung in Wort und Tat vorgehen und andere zur Gewalt anstiften – dort gewinnen sie an Boden.

Da machen sie sich breit. Ihre Szene plustert sich auf, fühlt sich stark, erzeugt einen Sog bei Schwachen und Vernachlässigten. Und gerade dort, im Kreis derer, die sich in unserer Gesellschaft als Verlierer sehen, nutzen sie – die heutigen Neonazis, für die der Führer immer noch Vorbild ist – 70 Jahre nach dem schrecklichsten Krieg der Geschichte jede Gelegenheit, junge Menschen in ihren Bann zu ziehen. Manneke weiß: Das darf er nicht zulassen.

*

»Sonnenwendfeiern« gehören im Kalender der extremen Rechten zu den sogenannten völkischen Höhepunkten im Jahr. Im September finden auf dem Hof von Joachim Nahtz auch sogenannte Erntefeste statt. Diese Feiern setzen offenbar die Tradition des nationalsozialistischen »Reichserntedankfestes« fort, das während des Dritten Reiches regelmäßig auf dem Bückeberg bei Hameln veranstaltet wurde. Im Dezember feiert man bei Nahtz gerne zudem die Wintersonnenwende.

»Brauchtumspflege« nennen es die Neonazis. Dabei geht es schlicht darum, Anlässe zu schaffen, bei denen man zusammenkommen und Kontakte pflegen kann. Und vielleicht auch Termine absprechen und neue Aktionen vorbereiten kann. Diese Feiern sind deshalb alles andere als harmlos. Es sind, wie Wilfried Manneke feststellt, »alles Feste, die Hitler selbst zu Feier- und Gedenktagen erhoben hat«.

Doch die Feiertagslaune der Neonazis wird empfindlich gestört. Die Südheide beginnt, aufzuwachen. Das Löns-Idyll mit Heidschnucken und lila Heidekraut beherbergt mehr aufrechte Demokraten, als es die braunen Agitatoren wohl erwartet haben. Schon seit dem Jahr 2007 finden Demonstrationen gegen diese Treffen auf dem Hof Nahtz in Eschede statt.

Nicht nur mit Mahnwachen, sondern auch mit Open-Air-Gottesdiensten setzen Wilfried Manneke, umliegende Kirchengemeinden, wackere Bürger, besorgte Künstler und andere Priester und Prominente ein Zeichen. Jedes Mal, wenn sie Wind davon bekommen, dass es wieder eine Zusammenkunft der Neonazis geben soll, organisieren sie via E-Mail, durch Aufrufe in sozialen Netzwerken, Ankündigungen in der Presse und mit Telefonketten eine Gegendemonstration. Sie stellen sich hier in Eschede mit Schildern und Transparenten seitlich des Sandweges auf, und jeder, der zum Hof Nahtz will, muss an ihnen vorbei. Näher lässt die Polizei die Demonstranten aus Sicherheitsgründen nicht an den Ort des Geschehens heran. Aber es ist ein Zeichen, dass die Menschen dort stehen. Ein wichtiges Zeichen. Denn überall in Deutschland regt sich wieder braunes Gedankengut.

»Der Schoß ist fruchtbar noch, aus dem das kroch …«: Bert Brechts Mahnung aus den 40er-Jahren gewinnt 70 Jahre nach ihrer Entstehung mehr Berechtigung als je zuvor. In Mecklenburg-Vorpommern versammeln sich die neuen Rechten in Jameln, dem Wohnort des mehrfach vorbestraften Ex-NPD-Kommunalpolitikers Sven Krüger. Im schwäbischen Günzburg und im nahen Allgäu trifft sich ein fester Kreis um den einschlägig bekannten Benjamin Einsiedler, Inhaber des rechten Plattenlabels *Oldschool Records*. Und das sind nur wenige Beispiele aus einer Reihe von vielen.

Hier in Eschede befindet sich eines der Zentren. Hier kommen wieder und wieder braune Wölfe zusammen. Der Hof des NPD-Aktivisten Joachim Nahtz ist seit Jahrzehnten ein Treffpunkt für Neonazis. Vor einigen Jahren haben hier schon einmal braune Barden aufgespielt, insgesamt sieben Gruppen, zu einem Konzert nach Rechtsaußen-Geschmack – vor 600 Besuchern. Rechtsradikale aus ganz Deutschland und der Schweiz sind damals extra fürs Konzert angereist.

Einer der Strippenzieher der Szene ist Manfred B.. Seit den 70er-Jahren ist er in der Szene aktiv, beteiligte sich damals angeblich auch an Aktionen der »Wehrsportgruppe Werwolf«. Als »Gauleiter« führte er die Wiking-Jugend in Niedersachsen bis zu deren Verbot. 1979 wurde er in einem der ersten deutschen Rechtsterrorismusverfahren in Bückeburg wegen eines gemeinschaftlichen Raubüberfalls auf ein NATO-Waffenlager in Munster verurteilt. Er erhielt eine mehrjährige Haftstrafe – unter anderem wegen der Mitgliedschaft in einer terroristischen Vereinigung.

Auch Wehrsportlager fanden hier statt, zum Beispiel Pfingstlager der inzwischen verbotenen »Heimattreuen Deutschen Jugend« (HDJ) mit ungefähr 150 Kindern und Jugendlichen.

Die braune Szene ist in der dünn besiedelten Gegend präsent. Alleine im Umkreis von nur 50 Kilometern um Unterlüß herum gibt es vier Neonazi-Kameradschaften. Von der Kreisstadt aus agieren die *Freien Kräfte Celle* – vormals *Kameradschaft 73* –, in Schneverdingen machen die *Snevern Jungs* von sich reden. *Düütsche Deerns* nennt sich der weibliche Ableger, eine Jung-Frauenvereinigung im militärblauen Maxi-Rock-Look, geschmückt durch geflochtene Zöpfe. Auf ihrer Facebook-Seite stellen sich die jungen Mädchen und Frauen mit Fotos von Flak- und Panzerkanonen zur Schau. Und bei den Treffen auf Hof Nahtz kümmern sich – stilgerecht – gerade diese jungen Frauen ums Essen.

Eine weitere Gruppe, die *Division 88*, hat in der Südheide früher auch mitgemischt. Allerdings ist sie inzwischen weg von der Bildfläche, denn die Gruppe wurde von der Polizei ausgehoben. Dabei haben die Beamten unter anderem einen Haufen Waffen gefunden. Das steht ganz in der Tradition früherer rechter Organisationen: Schon vor 25 Jahren hat die mittlerweile verbotene »Nationale Liste« in der Südheide Wehrsportübungen abgehalten.

Deshalb stehen heute wieder Demonstranten hier. Wie immer, wenn es gilt, gegen Neonazis Flagge zu zeigen.

*

Gastgeber Joachim Nahtz wirkt angestrengt. Er macht angesichts der Mahnwache aus seiner Gesinnung keinen Hehl. Wilfried Manneke und den anderen Demonstranten ruft er genervt zu: »Wir sind für unser Volk und Vaterland, und Sie sorgen dafür, dass wir rassisch gemischt werden! Hier kommen Leute ins Land, die nicht zu uns passen! Die wollen wir hier nicht!«

Ja, das merkt man. Die Schwelle zur Gewalt ist niedrig und allgegenwärtig. Die Konfrontationen wachsen. Und bei einer der Mahnwachen wird es irgendwann ernst. Wilfried Manneke erinnert sich: »Immer wieder fuhr eine Gruppe von vier Neonazis in einem Auto an uns vorbei, um Aufnahmen von uns zu machen und uns zu drohen. Doch Protest kann vielgestaltig und fantasievoll sein: Ich merkte, wie einige der jüngeren Demonstranten sich absprachen und offensichtlich auf eine bestimmte Gelegenheit warteten. Dann stellten sie sämtliche Gespräche oder Protestrufe ein. Mich wunderte ihr Schweigen. Doch kurz danach erfuhr ich den

Grund dafür: Als die Typen in ihrem Auto mit offenen Seitenscheiben das dritte Mal an uns vorbeirollten, spuckten viele der Demonstranten auf Kommando durch die offenen Seitenscheiben in den Wagen! Eine herrliche Sauerei.«

Noch heute, ein Jahr danach, muss der Pastor lächeln, wenn er sich die Szene vor Augen führt. Dann fährt er ernst fort: »Es hat keine drei Sekunden gedauert, da rissen die Typen die Wagentüren auf und wollten auf uns losgehen. An diesem Tag war nur wenig Polizei vor Ort – und ich dachte schon, ›das wird eng‹. Aber die Beamten haben die Typen zum Glück sofort zurückgehalten und wieder in den Wagen gedrängt. Und weg waren sie – im Wagen haben sie uns noch wütend hinterhergeschaut.«

Kapitel 1

»Wir kriegen dich!«

Wie rings umher Neonazis Hass und Gewalt säen – und ausüben

Es ist der 15. Dezember 2011. Mitternacht. Das Pfarrhaus von Unterlüß ist mit der in den 90er-Jahren neu erbauten *Friedenskirche* durch ein gepflegtes Rasenstück verbunden. Das Pfarrhaus selbst: ein weißer, zweistöckiger Bau aus den 20er-Jahren, mit dicken Ziegelmauern, tiefen Fenstern; Parkett- und Fliesenböden unter einem bergenden Dach. Der Holzofen im Wohnzimmer verspricht Gemütlichkeit an kalten Tagen. Die Wohnküche mit ihrer bequemen Essecke lädt zum Verweilen ein. Im ersten Stock, zu erreichen über die stilvolle nach links geschwungene Holztreppe, schläft die Familie Manneke: der zu dieser Zeit siebenjährige Sohn Benedikt, Mannekes Frau Sabine und ihr Mann Wilfried.

Die Idylle trügt: Immer wieder hat es Drohungen gegen den Pastor gegeben: »Wir kriegen dich!«

Irgendwann in dieser Nacht schleicht sich eine Gestalt über die Garageneinfahrt in Richtung Haus und

Küchenfenster. Das kurze Aufflackern eines Feuerzeuges. Ein lautloser Wurf, dann ein Klirren.

Der Molotowcocktail verfehlt nur knapp das Küchenfenster, die Flasche zerschellt auf dem Boden direkt vor der Hauswand der Familie Manneke. Flammen des Brandsatzes schießen an der Wand empor. Der Vollwärmeschutz, mit dem die Wand isoliert ist, beginnt im unteren Bereich zu schmelzen. Dann verlöschen die Flammen von selbst. Der Täter entkommt unerkannt durch die Nacht.

Familie Manneke schläft oben im Haus – und pflegt einen gesunden Schlaf. Keiner der drei wird in dieser Nacht durch das Klirren des Brandsatzes geweckt.

Erst am Morgen entdeckt Mannekes Sohn Benedikt, als er zur Schule aufbrechen will, die Scherben einer Bierflasche mit abgebrannter Lunte am Fuß der rußgeschwärzten Hauswand – und bekommt einen Schreck. Er ruft seine Eltern. Zu dritt stehen sie vor dem Brandherd, schauen sich ungläubig an. Kann es wirklich Menschen geben, die ihnen auf diese Weise nach dem Leben trachten? Der Pastor hat das Bild seither nicht vergessen.

*

»Die Flammen waren zwei Meter hoch, der Molotowcocktail hat nur ungefähr 30, 40 Zentimeter unser Küchenfenster verfehlt. Wenn er durch das Fenster geflogen wäre – die Schlafzimmer sind oben, im ersten Stock –, wir hätten das gar nicht so schnell mitbekommen, wenn es unten angefangen hätte zu brennen. Und ich weiß nicht, ob wir noch lebend aus dem Haus rausgekommen wären.«

*

Die Wut der Neonazis trifft weitere Mitstreiterinnen und Mitstreiter: Wenig später erfährt der Pastor von Anna Jander und Klaus Jordan, einem befreundeten Paar aus dem benachbarten Niederohe, dass auch deren Haus in der Nacht mit einer benzingefüllten Bierflasche attackiert wurde. Bei diesen beiden ist es nicht der erste Anschlag. Vor einiger Zeit haben Unbekannte einen Pflasterstein mit der Aufschrift »letzte Warnung« auf dem Grundstück des Paares hinterlassen.

Die Polizei schickt zunächst einen Streifenwagen, man sichert die Spuren am Haus, sammelt die Scherben der Bierflasche und die Reste der Lunte ein. Der Staatsschutz übernimmt die Ermittlungen. Aber von den Tätern fehlt jede Spur.

Wilfried Manneke weiß nur zu gut, wie es einem ergeht, der es wagt, gegen den rechten Mob aufzustehen. Immer wieder erreichen ihn und seine Mitstreiter Hass-Mails und Warnungen auf Internet-Plattformen. Sogar konkrete Bedrohungen bis vor die Haustür. Gezielt bauen Rechtsradikale auf diese Weise Druck auf, schüren Angst und Verunsicherung und verbreiten unter dem Schutz einer schweigenden Mehrheit von Bürgern, die »damit nichts zu tun haben wollen«, Terror. Sie schüchtern ihren politischen Gegner ein. Ihr Ziel: Jeden

Widerstand gegen den braunen Mob im Keim zu ersticken.

Pastor Manneke erinnert sich an einige der Vorkommnisse: »Neonazis versuchen immer wieder, Herrschaft auch über den öffentlichen Raum zu gewinnen. Das gehört zu ihrer Strategie. So haben sie den Laternenpfahl vor dem Haus wiederholt mit Hakenkreuzen beschmiert und sind sogar zweimal nachts vor unserem Haus aufmarschiert. Dabei schrien die – wohl ebenso alkoholisierten wie selbst ernannten – Herrenmenschen unablässig solche Sprüche wie: ›Das Land ist unser!‹

Man kann ihnen zugestehen: Sie haben einen gewissen Sinn für Theatralik. Sie haben dann – vielleicht als Ausweis ihres mangelhaften Bildungsstandes – auch Parolen wie ›Juden raus!‹ gegrölt. Einer kam näher an das Haus und trat mit dem Stiefel gegen die Pfarrhaustür.

Auch die Kirchentür haben sie mit Hakenkreuz-Aufklebern verunstaltet. Ein trauriger Höhepunkt solcher Aktionen: An der Türklinke des Kirchenzentrums baumelte vor Kurzem eine tote Ratte.«

*

Mannekes haben Glück: Als die Jungbraunen ihre Haustür attackieren, sind sie gerade mit ihrem Sohn in Urlaub. Nachbarn berichten ihnen nach ihrer Rückkehr, was in der Nacht geschehen ist.

Der Hass ist unübersehbar. Der Pastor weiß nicht, ob die Ratte als eine spezielle Warnung für ihn gedacht ist, wegen seines Engagements gegen die Neonazis – oder auch als brutales Zeichen an die Flüchtlinge, die seine

Kirchengemeinde betreut. Denn diese stehen öfter im Eingangsbereich unter dem Kirchenvordach, wenn es wieder nieselt, was es in der Südheide gerade im Herbst oft tut. Die Gemeinde hat nämlich mehrere WLAN-Router aufgestellt, damit die Flüchtlinge hier E-Mails abrufen und im Internet surfen können.

*

Als Wilfried Manneke am 1. September 1995 seine Pfarrstelle in Unterlüß antritt, meint er, in einem Idyll gelandet zu sein – nach einer langen Pastoren-Tätigkeit in Südafrika.

Er weiß, dass er nach zwölf Jahren wieder zurück nach Deutschland muss – so sind die Regeln der Evangelischen Kirche in Deutschland (EKD).

Kurz vor seiner Rückkehr ruft ihn der Unterlüßer Diakon Helmut Sdrojek in Südafrika an und fragt ihn, ob er nicht als Pastor nach Unterlüß kommen wolle. Das sei doch ganz in der Nähe von Hermannsburg, was er doch gut kenne.

Manneke überlegt und sagt noch nicht zu. Denn es gibt ja auch noch andere offene Pfarrstellen in der Landeskirche Hannovers.

Im Mai 1995 kommt er in Deutschland an, nutzt die jedem Auslandspfarrer zustehende Orientierungsphase und spricht mit vielen Menschen, um sich klar zu werden, wo er demnächst arbeiten möchte.

Entscheidend wird das Gespräch mit dem Hermannsburger Missionsdirektor Ernst-August Lüdemann, einem alten Vertrauten. Er rät Manneke, nach Unterlüß zu gehen.

Der Pastor erinnert sich: »Am Ende gab es eine ganze Reihe guter Gründe, die für Unterlüß sprachen. Zum einen traf ich dort meinen vertrauten Freund, Jugenddiakon Helmut Sdrojek, wieder. Ich hatte ihn während meines Vikariats in Oldenburg-Ofenerdiek kennengelernt, und wir haben gut zusammengearbeitet. Er leistete in Unterlüß eine fantastische Jugendarbeit – das spielte für mich eine wichtige Rolle. Ich war ja nebenamtlich in Südafrika auch Jugendpfarrer gewesen. Deshalb war es vor allem auch die tolle Jugendarbeit hier vor Ort, die mich sofort begeistert hat.

Die von ihm organisierten Jugendfreizeiten wurden von Kindern und Jugendlichen quasi überrannt. Die Gruppen reisten mit 50 Jugendlichen und den ehrenamtlichen Betreuern nach Italien, nach Schweden oder nach Frankreich. Wie begehrt diese Freizeiten waren, konnte man stets am ersten Advent nach dem Gottesdienst sehen. Traditionell konnten sich die Jugendlichen nämlich erst ab diesem Zeitpunkt anmelden. Das Orgelnachspiel war kaum verklungen, als nahezu jeder Teenager nach vorne stürmte, um nur ja einer von denen zu sein, die bei diesen begehrten Reisen mitfahren durften! Ja, so sieht lebendige Gemeinde aus!

Natürlich reizte mich auch die Nähe zu Hermannsburg, zu meiner geschätzten theologischen Ausbildungsstätte. Das traditionsreiche Missionsseminar war so etwas wie ein Stück Afrika in meiner Nähe. Denn die meisten Kollegen, die im Ausland unterwegs sind, müssen immer wieder mal nach Hermannsburg – und der nächste Bahnanschluss ist der Bahnhof in Unterlüß. So, dachte ich mir, wird mancher auch gerne mal für eine Stunde auf eine Tasse Tee vorbeischauen, wenn ich an diesem Ort Pastor werde.

Woran ich mich allerdings gewöhnen musste, war, dass ich in Unterlüß zwar auf dem Land lebe, es aber direkt vor Ort keinen Bauernhof gibt. Vornehmlich gibt es hier nur zwei Arten von Arbeitsplätzen: Panzer und Munition produzieren oder in den Forst gehen. Denn in Unterlüß, einem Ort mit 3500 Einwohnern, befindet sich die größte Rüstungsfirma Deutschlands. Und dazu ein insgesamt 50 Quadratkilometer großer Schießplatz, auf dem die Haubitzen und Kanonen ausprobiert werden. Die brauchen ziemlich Platz. Es ist laut eigene Angaben der Firma Rheinmetall das größte private Test- und Versuchsgebiet dieser Art in Europa.«

*

Doch auch wenn es immer wieder donnert und die Fensterscheiben der schmucken Backsteinhäuser klirren, wenn auf dem Schießplatz die Panzerkanonen ausprobiert werden müssen: Es ist schön hier in der Südheide. Wilfried Manneke freut sich, bald hier zu wohnen. Zumal eine sozusagen völlig neue Kirche auf ihn wartet. Sie steht am Platz der alten *Kriegergedächtniskirche*, die im Jahre 1922 im nationalen Gedenken an die Gefallenen des Ersten Weltkriegs in Unterlüß errichtet worden war.

Eine Kirche mit einem martialischen Namen. Man kann es fast einen glücklichen Umstand nennen, dass der Bau damals mit zu weich gebrannten Ziegeln errichtet wurde und ihre Mauern nach 70 Jahren brüchig waren. Deshalb muss der Bau Anfang der 90er-Jahre fast komplett erneuert werden.

Die Gemeindemitglieder wünschen sich eine Kirche, die in ihre Landschaft passt. Und was passt in die Südheide besser als ein Schafstall – dort, wo es viele Heidschnucken gibt.

Die Gemeinde in Unterlüß bekommt ihre Wunsch-Kirche: einen warmen, bergenden, die Gemeinde umhüllenden Bau, den traditionellen Schafställen der Nachbarschaft nachempfunden, mit tief gezogenem Dach und feinem Fachwerk. Mit farbintensiven Fenstern und einem viel beachteten Altarbild.

1993 wird das Gotteshaus geweiht. Gemäß ihrem einfühlsamen Baustil hätte die Kirche auch gut den Namen *Zum Guten Hirten* tragen können. Doch Mannekes Vorgänger im Pastorenamt, ein Pfarrersehepaar, das sich die Stelle teilt, stehen nicht erst seit dem Golfkrieg der Rüstungsproduktion und den Panzer-Produzenten in Unterlüß kritisch gegenüber.

Es kommt zum Gemeindeentscheid: Die Mehrheit stimmt für den Namen *Friedenskirche*. 1994 bekommt die Kirche diesen Namen. Er wird zum Omen für die Arbeit von Pastor Manneke – nicht nur gegen Panzerrohre, sondern vor allem gegen alltäglichen Rassismus.

*

Wilfried Manneke erinnert sich: »Die Kirche war noch gar nicht gestrichen, als ich meinen Dienst antrat. Das

Altarbild hatte man schon aufgestellt. Es stammt von Werner Petzold, ebenso wie die künstlerische Gestaltung der Fenster.

Als ich den Raum zum ersten Mal betrat, war ich tief beeindruckt. Geborgen und dennoch innerlich aufgewühlt, so fühlte ich mich. Geborgen von dem tief heruntergezogenen Dach der Kirche, ihrem Licht, ihrer Wärme, dem Charakter eines Stalles, in dem ein Guter Hirte seine Herde treu bewacht.

Aufgewühlt war ich vom Altarbild, das erschütternd und tröstlich zugleich auf mich wirkte. Im Zentrum steht der Gute Hirte. Umgeben ist er aber von Gewalt, Hass und Bedrohung. Das Bild zeigt, wie Kain seinen Bruder Abel erschlägt, wie die Ehebrecherin gesteinigt werden soll und wie der barmherzige Samariter den schwer verletzten Überfallenen versorgt.

Was ich damals noch nicht wusste: Dass sich in der Abgeschiedenheit der Südheide Gruppen von Menschen zusammenrotten, die zutiefst menschenfeindlich und menschenverachtend sind. Erst mit der Zeit sollte ich begreifen, welche braunen Wölfe in der Region herumstreiften.«

*

Tatsache ist: Wölfe waren in Unterlüß schon immer da. Zumindest die echten. Im Jahr 1952 wird der letzte frei ziehende Wolf in Unterlüß erschossen. Jäger meinen, dass er von weit aus dem Osten gekommen sein müsste – über alte Wolfspfade, die sich über die damals noch unbefestigte Elbe bis in die Pyrenäen ziehen.

Das Gehirn des erlegten Tieres liegt heute noch konserviert in der Tierpathologie in Göttingen. Biologen bezeichnen ihn als einen sogenannten durchziehenden Wolf – ein Einzelgänger ohne Rudel auf der Suche nach neuen Revieren.

Die Wölfe, denen Manneke bald persönlich begegnen sollte, sind von anderem Kaliber. Aber auch sie suchen neue Reviere. Es sind braune Wölfe – kenntlich meist an kurz geschorenen Haaren, Springerstiefeln und hasserfülltem Gebrüll.

*

Drei Monate Zeit hat ihm die Kirche gegeben, sich nach insgesamt 13 Jahren in Südafrika wieder an das Leben in Deutschland zu gewöhnen – drei Monate, die Wilfried Manneke vor allem durch Deutschland gereist ist und in denen er – wie in Hermannsburg – alte Freunde besucht hat. Am Ende entschließt er sich, doch nach Unterlüß zu gehen.

Jugenddiakon Helmut Sdrojek hat den Kirchenvorstand und die Gemeindemitglieder frühzeitig auf den neuen Pastor eingestimmt. Er hat viel Werbung gemacht für den Exoten, der lange in Afrika unterwegs war, sodass alle jetzt den neuen Pastor mit Spannung erwarten. Und genauso freut sich Wilfried Manneke auf seine neue Aufgabe.

*

»Ich hatte schon während meiner Zeit in Südafrika viel Freude am Gemeindeaufbau. Hier in der Heide wusste ich von vorneherein: Bei einer solchen Kinder- und Jugendarbeit hat man ein tolles Fundament – was für ein Potenzial für aktive Gemeindearbeit ist hier vorhanden! Ich kann hier auch Kirchenferne ansprechen. Vor allem konnte ich mich von Beginn an auf die Arbeit mit Erwachsenen und Senioren konzentrieren, da die Kinder- und Jugendarbeit ja in guten Händen lag.

Einmal im Monat gibt es einen Seniorenkreis mit 70 bis 80 älteren Menschen. Mit ihnen habe ich all die Jahre über auch mehrtägige Freizeiten gemacht. Wir sind auf der Wartburg in Eisenach gewesen, in der Frauenkirche in Dresden, in Rothenburg ob der Tauber und an anderen Orten. Aber am häufigsten waren wir auf der Nordseeinsel Langeoog, nämlich 14 Mal.«

*

Ja, die Gemeinde der *Friedenskirche* ist lebendig: Jugendarbeit, Erwachsenen-Gruppen, Seniorenkreise. Dazu Seminare, wie etwa die Grundkurse des Glaubens, die zum Nachdenken anregen, die Gemeinschaft zusammenschweißen und für ein spannendes und attraktives Miteinander sorgen. Sogar fünf Gruppenreisen nach Südafrika finden im Laufe der Jahre statt. Immer wieder lädt der Pastor auch Referenten ein, die sozialpolitische Themen ansprechen, ihre Arbeit den Gemeindemitgliedern vorstellen – und gemeinsam mit der Abendgesellschaft diskutieren. Solche gemeinschaftliche, sozial engagierte Arbeit ist aus seiner Sicht absolut wichtig, denn Unterlüß ist von seiner Sozialstruktur kein gewöhnliches Dorf. Der Grund dafür ist die Firma Rheinmetall, das größte Rüstungsunternehmen in Deutschland, das rund 1700 Menschen in Lohn und Brot hält. Eine Arbeit, die manchen als durchaus ambivalent erscheint. Eine Arbeit, die die Gemeindemitglieder auch dazu brachte, ihre neue Kirche nicht nach dem »Guten Hirten« zu benennen, wie es eigentlich nach dem architektonischen Vorbild des Schafstalls naheliegen könnte. Sondern ausdrücklich den Namen *Friedenskirche* zu wählen – ein Platz des Friedens in einem Ort, der davon lebt, dass er Waffen produziert. »Auch an einem Rüstungsstandort wie Unterlüß muss die Erhaltung des Weltfriedens unbedingt Priorität behalten«, stellt Manneke fest.

Die industrielle Prägung ist auch ein Grund dafür, dass in den 90er-Jahren innerhalb kurzer Zeit 600 Spätaussiedler nach Unterlüß kommen. Rheinmetall verfügt über zahlreiche Werkswohnungen, die leer stehen. Und die Kommune Unterlüß wirbt regelrecht um die Spätaussiedler. Denn mit ihnen hat sie die Chance, den Teufelskreis der Abwanderung aus dem Landflecken zu durchbrechen, zahlenmäßig zu wachsen und ihre Selbstständigkeit zu bewahren. Unterlüß und die Kirchengemeinde sehen die zugezogenen Neubürger als Chance.

Wilfried Manneke erinnert sich: »Wenn wir heute von Willkommenskultur reden – so haben wir das in Unterlüß schon beim Zuzug der Russlanddeutschen praktiziert. Viele Bürger haben sich ungeheuer engagiert. Das hat auch funktioniert: Denn die Menschen aus der Gemeinde haben Patenschaften angeboten,

Sprachkurse eingerichtet und für Kinder und Jugendliche Spielkreise und gemeinschaftliche Nachmittage organisiert. Für Frauen gab es Deutschkurse in den Räumen der Kirchengemeinde. Gleich im ersten Kurs hatten wir 26 Frauen – und das war gut so: Denn dadurch konnten wir dafür sorgen, dass die Frauen aus Russland aus ihrer Isolation befreit wurden und Kontakt zu den Menschen hier aus dem Ort bekamen.«

*

Man kann Wilfried Manneke und sein Engagement wahrscheinlich nur verstehen, wenn man seine ganze Biografie betrachtet: mit seiner Herkunft, dem Vorbild seiner Eltern, seiner Prägung im Glauben, seiner Bildung, seiner Erziehung, seiner Ausbildung als Theologe, seinen 13 Jahren wechselvoller Geschichte als Gemeindepfarrer in Afrika.

Auch hier in Unterlüß engagiert er sich stark für die Gemeinschaft, kümmert sich um alle Menschen und die Minderheiten, ist Ansprechpartner für Verzweifelte wie für Engagierte. Seine Tür steht stets offen, kurzum: Er ist Architekt der Gemeinde, ein Verkündiger, ein Zupacker, der die Trauernden tröstet, die Liebenden traut, die Engagierten begleitet, den Einsamen eine Heimat gibt. Und er weiß auch dann zuzupacken, wenn die Zeiten schwieriger werden – wie zum Beispiel bei zunehmender Erwerbslosigkeit in der Region.

»Zwar sollte man angesichts der politischen und militärischen Auseinandersetzungen und der Stellvertreterkriege in der ganzen Welt, von Somalia bis Mexiko, von Afghanistan bis Sumatra, annehmen können, dass eine Industrie zumindest keine Krisen kennt – und zwar die Waffenindustrie. Doch auch einer solchen, sicherlich mit den zahlreichen Abnehmern gefestigten Industrie droht manchmal konjunkturelles Ungemach. So musste im Jahre 2004 das Unternehmen Rheinmetall in Unterlüß viele Leute entlassen. Ein harter Schlag für die Gemeinde: Denn neue Arbeitsplätze sind vor Ort und in der Region kaum zu finden. Doch wir wollten als Kirchengemeinde nicht einfach zuschauen, dass in unserem Ort viele Menschen perspektivlos bleiben. Deshalb gründeten wir eine Selbsthilfe-Gruppe für Arbeitslose. Wir haben sie ›Stammtisch für Erwerbslose‹ genannt. Insgesamt elf Jahre lang gab es dieses Angebot. Im benachbarten Eschede haben wir sogar noch eine Filiale aufgemacht. Und in vielen Gesprächen entwickelten wir dabei eine weitere spannende Idee – nämlich: Eine Gewerkschaft für Arbeitslose zu gründen. Aus der Idee ist schließlich das ›Bündnis für Arbeitssuchende in Niedersachsen‹ entstanden. Unser Gedanke ist auf fruchtbaren Boden gefallen.«

*

Wilfried Manneke ist angekommen. Seine Arbeit bereitet ihm viel Freude. Er lernt in seiner neuen Heimat auch seine spätere Frau Sabine kennen und heiratet sie im Jahr 2000. Sie bringt ihren Sohn Felix, geboren 1994, mit in die Ehe. Der gemeinsame Sohn Benedikt kommt im Jahr 2004 auf die Welt.

Die beiden Söhne aus Wilfried Mannekes erster Ehe, Miklas und Franchot, sind mit ihrer Mutter in Südafrika geblieben. Er besucht sie mindestens zweimal im Jahr. Als sie alt genug sind, verbringen sie regelmäßig die großen Ferien bei ihrem Vater in der Heide.

Ganz nebenbei sammelt der Pastor eine ganze Reihe von Aufgaben – schließlich ist er ein zupackender Mensch. Fassen wir zusammen: Seit dem 1. September 1995 ist Wilfried Manneke Gemeindepastor in Unterlüß. In diesem Amt wird er zudem Beauftragter für die Südafrika Partnerschaftsarbeit des Kirchenkreises Celle. Zudem ist er ab dem Jahr 2007 auch Vorsitzender des Kirchenkreistages und seit 2009 Kirchenkreisbeauftragter für den Themenbereich »Kirche für Demokratie – gegen Rechtsextremismus«. Im Jahr 2017 wählt man ihn zum Vorsitzenden der Initiative »Kirche für Demokratie – gegen Rechtsextremismus« in der Evangelisch-lutherischen Landeskirche Hannovers.

*

Man könnte meinen, bei einer derartigen Fülle von Ämtern bleibt wenig Zeit für anderes. Aber weit gefehlt. Wilfried Manneke berichtet: »Mein erstes Engagement gegen rechtsradikale Umtriebe in der Südheide war die Teilnahme an einer Mahnwache gegen ein Neonazi-Ausbildungslager namens ›Hetendorf 13‹, nur 20 Kilometer von Unterlüß gelegen. Und, der Sarkasmus der Neonazis wollte es wohl so, nur 16 Kilometer weit von der Konzentrationslager-Gedenkstätte Bergen-Belsen entfernt – jenem KZ, in dem die Nazis auch ein jüdisches Mädchen namens Anne Frank ermordeten.

Diese Mahnwache wurde für meinen ganzen weiteren Lebensweg wichtig. Sie stand ziemlich am Anfang meiner Zeit in Unterlüß – und wies mir den Weg für alles, was in den Jahren danach bei meinem Engagement gegen die extrem rechte Szene in der Südheide geschah.

Eigentlich nur durch Zufall erfuhr ich vom Anlass der Mahnwache und der Existenz von *Hetendorf 13*. Ich war noch keine vier Wochen im neuen Amt, als in meiner Gemeinde eine Informationsveranstaltung stattfand. Der Gemeindebeirat hatte den katholischen Priester Johannes Lossau eingeladen. Lossau war damals Seelsorger der katholischen Gemeinden in Bergen und Hermannsburg. Im Auftrag der katholischen Kirche arbeitete er zudem auch als Pfarrer in der Gedenkstätte Bergen-Belsen als Seelsorger.

In unserer Kirchengemeinde organisiert der Gemeindebeirat normalerweise den Adventsbasar und das Sommerfest, was schön und wichtig ist. Der damalige Gemeindebeirat ist aber auch politisch und gesellschaftlich interessiert. Deshalb laden sie Johannes Lossau ein, um über die rechtsradikalen Umtriebe in *Hetendorf 13* zu berichten.

Immerhin gibt es dieses Ausbildungscamp der Neonazis schon seit 1978. Schon 17 Jahre lang haben die dort agierenden, selbst ernannten ›Herrenmenschen‹ bislang weitgehend ungestört ihre rassistischen und demokratiefeindlichen Überzeugungen pflegen und weitergeben können – auch und vor allem an Jugendliche und sogar Kinder.«

*

Ab 1984 werden vier heruntergekommene Häuser unter der Adresse *Hetendorf 13*, die der rechtsradikale Anwalt Jürgen Rieger sechs Jahre zuvor gekauft hatte, zum Schauplatz gespenstischer Aktionen.

Unzählige Aufmärsche und Treffen rechtsradikaler Gruppen finden hier statt. Zum Beispiel die sogenannten *Hetendorfer Tagungswochen*, aber auch andere Veranstaltungen mit prominenten Rechtsradikalen wie Manfred Roeder. Es kommt mehrfach zu gewalttätigen Auseinandersetzungen mit Demonstranten.

Ungewöhnlich waren die finanziellen Umstände, unter denen der deutschlandweit bekannte Neonazi Rieger im Jahre 1978 das Anwesen und das 15 000 Quadratmeter große Gelände, das die Häuser umgibt, erwerben konnte. *DER SPIEGEL* rekonstruierte 20 Jahre später in einer Geschichte zur polizeilichen Räumung des Neonazi-Treffpunktes den merkwürdigen Hergang des Geschäftes.[1]

Ursprünglich hatte ein christlich-diakonisches Unternehmen namens *Lobetalarbeit* Ende der 60er-Jahre das Grundstück samt Häusern für 1,2 Millionen Mark an das Bundesvermögensamt verkauft. Der Grund für das Geschäft: In unmittelbarer Nähe liegt der Truppenübungsplatz Munster, auf dem die Bundeswehr Schießübungen durchführt. Die dumpfen Detonationen, die

die Häuser erschütterten oder zumindest dort zu hören waren, konnten den Bewohnern nicht länger zugemutet werden. Die weitere Nutzung von *Hetendorf 13* scheint unklar. Bis aus dem Nichts zwei Käufer auftauchen, die sich als Vereine vorstellen – mit solch spezialisierten Interessen wie der *Freundeskreis Filmkunst e. V.* und eine *Gesellschaft für biologische Anthropologie, Eugenik und Verhaltensforschung e. V.*, beide mit Sitz in Hamburg. Aus Hamburg stammt auch einer der Unterzeichner des Kaufvertrages: »Herr Rechtsanwalt Jürgen Rieger«.

Dem Anwalt soll das Areal für ein Zehntel des ursprünglich genannten Erwerbspreises zugefallen sein – warum, ist ebenfalls unklar. Klar ist eines: Mit dem Kauf wurde *Hetendorf 13* zu einem wichtigen Zentrum von Alt- und Neonazis. Mitglieder rechtsradikaler Gruppen gaben sich dort die Klinke in die Hand. Und damit auch prominente Vertreter der Szene wie Manfred Roeder oder Gruppierungen wie die *Freiheitliche Nationale Arbeiterpartei* – mittlerweile längst verboten.

Martialisch ausstaffierte Rechtsradikale provozieren Auseinandersetzungen.

Nachbarn und Bürger aus der Umgebung, die sich gegen die Tagungsstätte der Extremisten stellen, erhalten üble Briefe und Warnungen. Einer, der öffentlich Stellung bezieht, erhält von Jürgen Rieger einen Drohbrief: »Wer Krieg haben will, soll ihn bekommen. Wir haben uns genau gemerkt, wer im Dorf uns verleumdet, gegen uns gehetzt und sich gegen uns gestellt hat.«[2] Auch Pastor Manneke erlebt, wie von den Rechtsradikalen friedliche Menschen bedroht, eingeschüchtert, drangsaliert und angegriffen werden. Dennoch wächst der Widerstand gegen die extremen Rechten.

Im Februar 1998 wird die weitere Nutzung durch die Neonazis von den Behörden untersagt, die Häuser werden durchsucht und geräumt. In einem Artikel im *SPIEGEL* heißt es dazu: »Dass ausgerechnet Beamte der Polizeiinspektion aus dem nahe gelegenen Celle den Willen ihres Dienstherrn umsetzen mussten, empfinden viele Bewohner des Dorfs als späte Genugtuung.«

Denn: »›Die haben mit denen doch fast gemeinsame Sache gemacht‹, empört sich ein Bauer, der wie andere ›immer in Angst‹ gelebt hatte, wenn vollbesetzte Autos mit Glatzköpfen aus ganz Deutschland hier einfielen.«

*

»Auf dieses Umfeld treffe ich gleich nach Antritt meiner neuen Pastorenstelle. Wir nehmen an jenem Abend in einem großen Stuhlkreis im Veranstaltungsraum unseres Gemeindezentrums Platz. Insgesamt sind etwa 30 Interessierte gekommen, um sich den Vortrag des katholischen Ortspfarrers Johannes Lossau anzuhören. Ich sitze mitten unter ihnen. Und mir fallen fast die Ohren ab – über das, was Lossau alles berichtet.

Ich versuche, mich zu erinnern: Während meines Studiums in Hermannsburg hatte ich noch nichts von einem Herrn Rieger gehört oder von einem Schulungszentrum namens *Hetendorf 13*. Aus historischem Interesse hatte ich mich hingegen in den Jahren meines Theologiestudiums mit den dunklen Kapiteln der

NS-Geschichte in der Südheide beschäftigt. Ich wollte wissen, was über Bergen-Belsen und die dort gefangenen, gequälten und ermordeten Menschen in der Bevölkerung bekannt war. Denn da musste es nach meiner Überzeugung doch einiges an Informationen geben. Ein Zeitzeuge aus dem benachbarten Oldendorf hatte mir auch Details erzählt über Transporte von KZ-Gefangenen und von Elendsmärschen durch die Südheide.«

An diesem Abend kommt es im Gemeindezentrum fast zum Streit, weil einige Teilnehmer nicht fassen können, was Lossau berichtet. Einer macht seinem Unmut Luft: »Herr Lossau, Sie übertreiben. Das, was Sie hier erzählen, ist unvorstellbar. Das sind doch keine Nazis in *Hetendorf 13*. Das sind harmlose Jugendliche, die da in der Heide ihre Freizeiten abhalten und fröhlichen Geländespielen frönen.«

Wilfried Manneke ist die Situation noch sehr präsent, auch heute, zwei Jahrzehnte später: »Ich schaute mich um. Wirklich: Viele der Menschen im Gemeindesaal mochten gar nicht wahrhaben, dass vor ihrer Haustür so etwas wie eine neue nationalsozialistisch geprägte Jugendarbeit entstanden ist – ein rechtes Schulungszentrum. Ich merkte, wie mich Unruhe erfasste. Ich war zutiefst alarmiert. Was Pfarrer Lossau schilderte, war derart heftig, dass man intuitiv versucht war, das Ganze von sich zu schieben. Doch der Kollege kennt sich gut aus; er hat alles, was er heute Abend erzählt, detailliert beschrieben und dokumentiert. Das, was er sagt, ist eigentlich unglaublich. Dennoch muss ich ihm glauben.

Denn er ist als katholischer Seelsorger für die Gedenkstätte des KZ Bergen-Belsen bestens über alles, was hier geschieht, informiert. Jemand, der wie er so intensiv an dieser Stelle mitarbeitet, der kennt sich aus. Dem kann man keinen Blödsinn erzählen. Ja, einem solch engagierten Menschen gehen die Fußnägel hoch, wenn neonazistische Umtriebe verharmlost werden. Das ist mir klar.

Und ich bin zutiefst beunruhigt. Das kann man nicht einfach weiterlaufen lassen. Dagegen muss etwas unternommen werden! Nach der Veranstaltung gehe ich zu Priester Lossau und sage: ›Ab heute haben Sie einen Mitstreiter mehr.‹

Am kommenden Freitag, so hat Lossau mir beim Abschied mitgeteilt, findet die nächste Mahnwache auf dem von alten Buchen bestandenen Dorfplatz in Hetendorf statt. Ich habe Glück und an diesem Tag bislang keine festen Termine. Also fahre ich nach Hetendorf. Es sind um die 100 Menschen, unter die ich mich an diesem Tag mische. Unser Bekenntnis ist still, aber es lässt keinen Zweifel aufkommen: Die braunen Wölfe müssen raus aus Hetendorf.«

Kapitel 2

»Ich kann nicht ausblenden, was ich erlebt habe«

Warum mir die Würde des Menschen so wichtig ist

Wie kommt es, dass ein Mensch wie Wilfried Manneke nicht einfach wegschauen kann, wenn sich die Welt um ihn herum unrund dreht? Wie kommt es, dass er nicht anders kann, als aufzustehen, wenn ihm Ungerechtigkeit, Benachteiligung, Rassismus oder Hass begegnen, die das Zusammenleben von Menschen bedrohen, ja unmöglich machen? Es gibt eine bemerkenswerte Geschichte dazu, die der Pastor nicht jedem erzählt. Jedenfalls bis jetzt. Diese Geschichte beginnt in seiner Kindheit. Der spätere Pastor wächst in einer Familie auf, die von den Gegensätzen ihrer gesellschaftlichen Anschauungen geprägt ist. Und die gerade deswegen in ihren Werten so verblüffend übereinstimmt.

*

»Am 23. Oktober 1953 bin ich in Delmenhorst geboren worden und dann in Lemwerder im Landkreis Wesermarsch aufgewachsen. Meine Mutter stammt aus einem evangelikalen Elternhaus, fühlte sich zur ›Landeskirchlichen Gemeinschaft‹ hingezogen, einer Bewegung in der Evangelischen Kirche. Am Ende des Zweiten Weltkriegs hatte sie ein hartes Schicksal. Ihre Familie stammt aus Ostpreußen.

Während des Krieges versuchte meine Großmutter mit ihren fünf Kindern vor der heranrückenden Roten Armee zu flüchten. Es war aber schon zu spät. Sie geriet mit ihren Kindern in russische Gefangenschaft.

Meine Mutter war damals 14 Jahre alt. Um sie vor Übergriffen zu schützen, stülpte ihr ihre Mutter kurzerhand Jungenskleidung über, schnitt ihr die Haare kurz und verpasste ihr den Namen ›Otto‹. So blieb sie geschützt – zwei Jahre lang in Polen, in russischer Gefangenschaft. Erst nach dem Kriegsende durfte meine Großmutter mit ihren Kindern nach Deutschland ausreisen.

Mein Vater hingegen war ein klassischer Gewerkschafter, politisch eher links orientiert: Willy Brandt war sein großes Vorbild. Er war Industriemeister im Fachbereich Maschinenbau. Die Firma, in der mein Vater arbeitete, stellte Textilmaschinen her. Schon bald wurde er dort Fertigungsplaner und als technischer Angestellter ins Büro versetzt. Natürlich war er Mitglied der IG Metall. Politisch war mein Vater stets wach. Das lag in der Familie: Schon sein Vater war Mitglied der KPD, bis im Jahr 1933 die Nazis die Partei verboten.

Die Gespräche, die wir zu Hause am Mittagstisch führten, interessierten meine Schwester und mich sehr.

Mein Vater hatte eine sehr differenzierte Sicht auf viele Dinge, er blickte durch und konnte gesellschaftliche Entwicklungen gut einschätzen.«

*

Eine durchaus interessante Rollenverteilung, die das Leben in Kindheit und Jugend von Wilfried Manneke bestimmt: Auf der einen Seite die eher fromme Mutter, die froh war, den Gefahren von Flucht und Vertreibung halbwegs unversehrt an Leib und Leben entkommen zu sein. In der Folge verständlich konservativ, bodenständig, dankbar für die Sicherheit im alltäglichen Leben und im Glauben.

Und daneben nun der Vater: politisch wachsam, links, streitbar, stets gut über die laufenden Entwicklungen informiert, Liebhaber interessanter Gespräche, unbeirrbarer Verfechter von Gerechtigkeit und Frieden. Für die Kinder eine befruchtende Welt an Seele und Wissen, die sie umgibt.

*

»Was das Dritte Reich betrifft, waren sich meine Eltern von Anfang an einig: Meine Mutter konnte als überzeugte Christin nur gegen die Nazis mit ihrer totalitären, atheistischen Ideologie eingestellt sein: ›Ein Volk, ein Reich, ein Führer!‹, das versuchte man ihr in jungen Jahren als ›unfreiwilligem‹ Mitglied des Bundes Deutscher Mädel einzubläuen. Aber sie war in ihrer Entscheidung klar – und dagegen.

Überzeugte Christen waren stets die am wenigsten durch totalitäre Ideologien verführbaren Bürger. Das zeigte sich auch am Beispiel der Familie meiner Mutter.

Wie erstaunlich sich doch unterschiedliche soziale und politische Sichtweisen wieder vereinen können! Mein Vater war als Sozialdemokrat ein in der Wolle gefärbter Gegner der braunen Horden der Nazis. Als Sozi schlug sein Herz sowieso ohne Frage für die einfachen Leute. Deshalb engagierte er sich für sie.

Als Mitglied der IG Metall hat er auch regelmäßig an den Mai-Kundgebungen teilgenommen – meistens in der ersten Reihe. Aber auch an anderen Veranstaltungen war er beteiligt, sogar an Streiks.

Das alles fand meine Mutter nicht so toll. Sie hatte als ›Jungmädel‹ mit 14 Jahren an Nazi-Aufmärschen teilnehmen müssen. Seitdem hegte sie ein abgrundtiefes Misstrauen gegenüber solchen zwangskollektiven Veranstaltungen. Sie waren ihr ein Gräuel.

Ich erinnere mich, dass mein Vater mich mal an einem 1. Mai zu einer Kundgebung in Bremen-Nord mitgenommen hat. Mich beeindruckte die Menschenmenge, die sich zu einem Willen und einer Botschaft verband. Vielleicht lernte ich aus solchen Erlebnissen früh, dass Menschen etwas verändern können, wenn sie sich nur trauen und ihre Ideen gemeinsam artikulieren. Politisch stand mein Vater voll hinter der SPD, neben Willy Brandt fand er auch Herbert Wehner sehr überzeugend. Parteimitglied war er aber nie. Meine Mutter war CDU-Wählerin, außer in der Zeit, als Helmut Schmidt

Bundeskanzler war. Da hat sogar sie SPD gewählt. Mein Vater sagte damals schmunzelnd: ›Helmut Schmidt ist der beste CDU-Politiker, den wir haben.‹ In seinen Augen stand Schmidt innerhalb der SPD zu weit rechts.

Das politische Alltagsgeschäft und die 68er-Jahre haben mich in meiner Familie sehr geprägt: Es wurde stets und gerne diskutiert. Mein Vater fand das toll. Ich auch. Meine Mutter nicht so sehr.

Deshalb hatte mein Vater auch einen schweren Stand in der Familie meiner Mutter – er war eben bei den Verwandten ›der Sozi‹. Es kam auf Familienfeiern häufig zu heftigen Diskussionen zwischen den unterschiedlichen politischen Positionen. Ich war oft anwesend und ganz Ohr.

Eines muss ich in der Rückschau sagen: Mein Vater hatte meistens die besseren Argumente. Es war halt nicht Stammtischgerede, was er – im Gegensatz zu anderen – von sich gab. Er hatte sich bestens informiert und stets gute Argumente. Die wiederum waren in gewissen evangelikalen Kreisen eher nicht so zu finden. Man diskutierte dort auch weniger über politische Fragen.

Dennoch: Gemeinsam mit meiner jüngeren Schwester Karin bin ich in einem christlichen Elternhaus groß geworden. Die Teilnahme am Kindergottesdienst und anderen kirchlichen Veranstaltungen gehörte für uns zum festen Wochenprogramm.«

*

Wilfried Mannekes Vater diskutiert gerne. Er ringt um die politisch richtige Position. Er kann aus seiner Erziehung, von seiner Sozialisation her nur wenig mit Kirche anfangen, mit Glaube und Spiritualität. Allerdings zeigt er das nicht nach außen. Seiner Verlobten und späteren Frau zuliebe tritt er sogar in den Posaunenchor der evangelischen Ortsgemeinde ein und bläst munter mit. Ein gewisses Zweckhandeln ist ihm aber nicht abzusprechen.

Denn nachdem er seine Frau geheiratet hat, kehrt er dem Posaunenchor wieder den Rücken. Mannekes Mutter ist enttäuscht. Ihr Vater war Gründer des Posaunenchores.

Sie nimmt sich jedenfalls vor, ihren geliebten Mann mit Beharrlichkeit auf den rechten Pfad zu lenken. So liegt auf seinem Nachttisch stets ein Bibelleseplan, den sie ihm anträgt.

*

»Mein Vater ignorierte diesen Bibelleseplan beharrlich und mit Erfolg. Mehr noch: Er ging auch kaum noch in die Kirche, nachdem er meine Mutter geheiratet hatte. Für sie war das eine heftige Enttäuschung. Doch was ich an meinen Eltern bewundere, ist: Sie haben trotz ihrer unterschiedlichen Ansichten zusammengehalten. So konnte auch unsere Familie ihren Weg gehen.

Meine Schwester bewunderte vor allem die Überzeugungen unseres Vaters. Keine Überraschung also, dass sie nach dem Abitur Germanistik und Politik studierte.

Doch andererseits ist wichtig: Sie blieb in der Kirche verwurzelt. Aber es war nicht der evangelikale Glaube ihrer Mutter, der diese Verbindung prägte.«

Auch für Wilfried Manneke war dies nicht entscheidend. Das Bild der Kirche, das nur durch Bekenntnis und Frömmigkeit geprägt ist, ist nicht das seine. Nein, es ist nicht so, dass seine Mutter ihm den Zugang zum Glauben vermittelt hat.

Er sagt: »Nach der Konfirmation nahm ich mir erst mal eine Auszeit von der Kirche. Mit 17 kehrte ich aber zurück. Ich wurde schon bald Kindergottesdienst-Helfer und Leiter des Teenagerkreises.«

*

Sein Weg zum Glauben führt mit 17 über ein religiöses Erlebnis bei einer christlichen Jugendfreizeit. Es sind 15 junge Leute aus Altenwalde bei Cuxhaven, mit denen er gemeinsam nach Süden fährt – in die Schweiz, in die großartige Landschaft rings um Kandersteg. Dort, über 1200 Meter hoch in den Bergen nimmt die Gruppe Quartier, von dort aus wandern die jungen Leute zum Oeschinensee, umringt von über 3000 Meter hohen Bergen. Da, irgendwann in dieser Zeit der intensiven Begegnung mit der Natur und vielen Gespräche über den Glauben, ergreift es Wilfried Manneke. Denn es sind einige junge Menschen in der Gruppe, die ihren christlichen Glauben bewusst leben. Jeden Morgen begibt sich die Gruppe zur Bibelarbeit. Für Wilfried Manneke werden die Bibelarbeiten über die Josefsgeschichten der hebräischen Bibel zum Wendepunkt seines jungen Lebens.

*

»Ich fand zum Glauben an Jesus Christus. Die Gemeinschaft mit faszinierenden Menschen, die so alt waren wie ich, mit denen ich unterwegs war, redete, wanderte, meditierte, betete, das tat mir richtig gut. Ich war begeistert von dem, was ich dort hörte und erlebte. Und irgendwann, nach vielen Gesprächen, stellte sich bei mir die Frage: Ist da wirklich was dran am Glauben an Christus? Oder bilden die sich das nur ein?

Diese Frage hat mich auf die Spur gesetzt, ihr nachzugehen. Und das habe ich getan. Mit Erfolg.«

*

Es scheint wie ein Erweckungserlebnis, das der junge Mann durchlebt. Es wird für ihn eine Berufung. Denn schon bald weiß Wilfried Manneke: Ich will Pastor werden. Die Frage ist nur – was wird sein Vater dazu sagen: der Gewerkschafter, der Willy-Brandt-Anhänger, der Sozialist, dessen Herz links schlägt. Und jetzt, demnächst zusätzlich zur frommen Frau noch einen Pfaffen im Haus?

Wilfried Manneke könnte nach seiner Rückkehr von der prägenden Schweiz-Fahrt auf den Gedanken kommen, Angst zu haben, sich vor seinem Vater zu bekennen. Aber nein: Die hat er nicht. Schließlich ist er mindestens so mutig wie sein Vater selbst.

»Ja, mein Vater war verschnupft, als ich aus der Schweiz kam – und ich zu ihm ohne Umschweife in der Küche sagte: ›Du, Vaddi, ich bin jetzt auch Christ!‹ Da ging er erst einmal wortlos aus der Küche. Ich merkte: Da musste er erst einmal durchatmen. Ich konnte es quasi hinter seiner Stirn lesen, was er dachte: Noch einer, der in das gleiche Horn des Glaubens pustet wie meine Frau! Aber er schluckte seinen Gedanken hinunter. Vielleicht, weil er merkte, in diesem Fall ist es doch irgendwie anders.

Als ich später Theologie studierte, da war er damit versöhnt. Kommilitonen, die ich nach Hause brachte, nahm er stets herzlich auf und führte interessante Gespräche mit ihnen. Und noch eines zeigte mir, dass er sich mit meinem Studienwunsch arrangiert hatte: Seit ich studierte, ging er auch wieder zum Gottesdienst. Ja, er besuchte sogar, wie mir meine Mutter hinter vorgehaltener Hand verriet, regelmäßig den Männerkreis der evangelischen Ortsgemeinde.«

*

Wilfried Mannekes Weg ist ab diesem Zeitpunkt klar. Kein Schatten liegt mehr auf seiner Entscheidung. Er weiß: »Ich will Pastor werden.«

Von 1973 bis 1980 studiert er in Hermannsburg in der Südheide Theologie. Dort existiert seit dem frühen 19. Jahrhundert ein Missionsseminar, das zu seinen Studienzeiten noch konservativ geprägt ist. Es ist Teil des Evangelisch-lutherischen Missionswerkes in Niedersachsen, das wiederum von den Landeskirchen Hannover, Braunschweig und Schaumburg-Lippe getragen wird. Dort werden Pastorinnen und Pastoren für den Dienst in der weltweiten Kirche ausgebildet.

In dieser traditionsreichen Einrichtung, in diesem »frommen Nest«, wie er später liebevoll sagen wird, kommt er dem norddeutschen Pietismus näher, aber auch der historisch-kritischen Forschung.

Nach dem Theologiestudium macht er ein Jahr Vikariat in der Gemeinde Oldenburg-Ofenerdiek. Danach wird es ernst. Der junge Geistliche wird zu einem Auslandsvikariat in Kapstadt/Südafrika entsendet.

Wilfried Manneke landet bei Pastor Peter Köppen, Seelsorger der Deutschen St. Martinikirche in Kapstadt. Dort arbeitet er im Rahmen seines Auslandsvikariats von Oktober 1981 bis September 1982. Er trifft auf einen besonnenen, nachdenklichen Pastor, der schon länger in Südafrika lebt. Wie er stammt Pastor Köppen aus Deutschland und vertritt die Positionen der Evangelischen Kirche (EKD), auch im Blick auf die Apartheid.

Wilfried Manneke hat eine besondere Erinnerung an diese Haltung des Pastors Köppen vor Augen: »Da war uns in Kapstadt eine Frauengruppe aus Deutschland angekündigt worden – und zwar eine Gruppe aus Nordrhein-Westfalen. Eines ihrer Mitglieder war eine gebürtige Südafrikanerin, die seit einigen Jahren mit einem Pfarrer aus Deutschland verheiratet war. Doch nun gab es ein juristisches Problem: Damals war es noch so, dass Nicht-Weiße keinesfalls in einem sogenannten weißen Wohngebiet übernachten durften. Da stellte sich uns die Frage: Wo soll die Dame jetzt übernachten?

Bewundernswert die Haltung meines Vikarsvaters und seiner Frau: Das Ehepaar Köppen hat gesagt: Natürlich bleibt die Dame bei uns, die Gruppe wird nicht getrennt.

Wer die gesellschaftliche und juristische Situation damals in Südafrika kannte, weiß: Solch eine Entscheidung war nicht ohne Risiko. Das hätte den Pfarrer und seine Familie die Aufenthaltsgenehmigung kosten können. Zum Glück hat das großherzige menschliche Verhalten der Familie Köppen dann keine juristischen Konsequenzen gehabt. Denn eines war uns allen klar: Die Security-Police hatte die widerrechtliche Übernachtung schon sehr genau mitbekommen.«

*

Als Manneke 1981 zum ersten Mal nach Südafrika kommt, ist die sogenannte kleine Apartheid schon abgeschafft. Das heißt, die geradezu grotesken Vorschriften – Parkbänke, getrennt in weiß und schwarz, Busse, strikt getrennt nach Hautfarben –, das war schon abgeschafft. Aber die Strände rings um Kapstadt sind noch gemäß den Rassengesetzen getrennt. Die einheimische Bevölkerung am Fuße des Tafelbergs ist jedoch in solchen Fragen schon eher entspannt. Alle tummeln sich ungeachtet irgendwelcher Vorschriften in fröhlichem Treiben durcheinander an der Küste des Indischen Ozeans. In den Sommerferien sorgen allerdings vor allem »rassebewusste« weiße Touristen aus Transvaal dafür, dass die Strände wieder »rassenrein« werden. Sie rufen kurzerhand die Polizei, wenn sie an einem sogenannten weißen Strand einem Schwarzen begegnen. Unvorstellbar – aber Manneke erlebt es mit eigenen Augen.

*

Am 1. Mai 1983 wird Wilfried Manneke in Oldenburg-Ofenerdiek ordiniert und ist seitdem im Dienstverhältnis der hannoverschen Landeskirche.

Der junge Geistliche will etwas bewegen. Dort sein, wo er gebraucht wird.

Das Entsende-Verfahren läuft über die EKD. Aus Hannover kommt Post – viele Informationen und ein Fragebogen, auf dem er seine Wünsche angibt. Die Wahl fällt ihm nicht schwer: Wilfried Manneke will zurück nach Südafrika.

Diese geografische Eingrenzung hat einen historischen Grund: Südafrika ist das traditionelle Hauptarbeitsgebiet der Hermannsburger Mission.

Weitere zwölf Jahre bleibt Manneke in Südafrika, in den ersten sechs Jahren in Eshowe im Zululand und anschließend in Vanderbijlpark bei Johannesburg, in deutsch- und englischsprachigen Gemeinden.

*

»Ich wollte unbedingt nach Südafrika zurück und habe mich wieder dahin beworben. Zunächst bekam ich eine Stelle im Zululand. Die Besonderheit an diesem Ort: Ich hatte eine deutsch- und eine englischsprachige Gemeinde zu betreuen. In der deutschsprachigen Gemeinde gab es nur weiße Gemeindeglieder. Die englischsprachige Gemeinde hingegen war gemischt. Hier trafen sich Weiße, Inder, Mischlinge, also Menschen verschiedener Farbe.

Die größte Bevölkerungsgruppe innerhalb der englischen Gemeinde waren Norweger, aber es gab auch viele US-Amerikaner und Schweden – insgesamt kamen hier Menschen aus elf verschiedenen Nationen zusammen.

Von 1983 bis 1989 konnte ich in dieser Gemeinde wirken. In der zeitlichen Mitte haben im Jahr 1986 die beiden Gemeinden fusioniert. Aus zwei kleinen Gruppierungen wurde eine große – sozusagen multikulti in einer Kirchengemeinde. Das klingt wunderbar. Aber ich muss einräumen: Für einige Mitglieder der deutschsprachigen Gemeinde war es total ungewohnt, mit Menschen anderer Hautfarbe so eng zusammen zu sein. Und Spannungen blieben nicht aus.«

Die neue Gemeinde trägt den Namen *Trinity Evangelical Lutheran Church in Zululand.* Hauptsitz ist Eshowe. Der Name des Ortes ist ein altes Zulu-Wort, das übersetzt heißt: »Dort, wo der Wind weht«. Eshowe ist die älteste Ortsgründung von Weißen im Gebiet der Zulu. Der Ort liegt in 600 Meter Höhe über dem Meeresspiegel, 14 000 Einwohner leben hier. Subtropisch, schwül und heiß ist es – aber man lebt hier dennoch ganz angenehm, bei 34 Grad im Schatten, während das Thermometer an den anderen Orten der Kirchengemeinde, zum Beispiel im 70 Kilometer entfernten Empangeni oft 42 Grad misst.

Der neue Pastor stößt auch hier mit seinem liberalen, offenen Kurs auf Gegenwind, auf jeden Fall bei manchen Gliedern der ehemals rein deutschsprachigen Gemeinde. In der international zusammengesetzten zweiten Gruppe, der vormals englischsprachigen Gemeinde, gibt es hingegen viele Menschen, die Mannekes Positionen teilen und ähnlich wie er denken. Zum Glück finden sich in der deutschsprachigen Gemeinde auch Manager und Ingenieure aus Deutschland, die mit Manneke sympathisieren. Denn grundsätzlich zeigt sich die gesellschaftliche Atmosphäre im Zululand fortschrittlicher – verständlich bei einem Verhältnis von 85 Prozent Zulus und nur wenigen Weißen. Doch der junge Pastor ist nicht nur manchen hartleibigen Gemeindegliedern ein Dorn im Auge, auch die südafrikanische Security-Police beginnt schon bald damit, ihn regelmäßig zu überprüfen.

Nicht zuletzt hat das sicherlich mit einer Erklärung des Lutherischen Weltbundes zu tun, dem sogenannten *Swakopmund-Appeal*, der im Juni 1977 veröffentlicht worden war. Dabei handelte es sich um einen Aufruf, die Einheit der lutherischen Kirchen in Südafrika zu bewahren und gleichzeitig als Lutheraner die Apartheid abzulehnen.

»Es gab sogar innerhalb der Evangelischen Kirche in Deutschland (EKD) die Erwartung, dass alle Pfarrer und Pfarrerinnen vor ihrer Ausreise ins südliche Afrika den *Swakopmund-Appeal* unterschreiben sollten«, stellt Wilfried Manneke rückblickend nüchtern fest – und er hatte keine Probleme damit. Denn er konnte sich gut mit diesen Forderungen identifizieren. Am Ende wurde er jedoch nicht verpflichtet, diese Erklärung zu unterschreiben. Für die Kirche war es mehr eine Art Richtschnur für ihre Pastoren im südlichen Afrika. Schon allein das machte Mannekes Tätigkeit für die südafrikanische Sicherheitspolizei suspekt.

*

»Ich musste in Südafrika alle drei Monate mein Arbeitsvisum verlängern lassen. Das bedeutete, zum Immigration Office nach Durban zu fahren. Jedes Mal war ich einen ganzen Tag dafür unterwegs – ohne letzten Endes zu wissen, ob mein Visum wirklich verlängert würde. Später erfuhr ich, dass die Sicherheitsbehörden systematisch Erkundigungen über meine Tätigkeiten anstellten. Sie achteten damals noch sehr streng darauf, dass die Apartheid konsequent durchgezogen wurde. Kirchenvorsteherinnen und Kirchenvorsteher meiner Gemeinde berichteten, dass die örtliche Sicherheitspolizei in Eshowe sie wiederholt nach mir befragte.«

*

Im Zululand gibt es sehr viele Evangelisch-lutherische Kirchengemeinden. Fast alle sind zulusprachig. Nur die beiden Gemeinden, denen Wilfried Manneke vorsteht, sind deutsch-, bzw. englischsprachig. Um zum Ausdruck zu bringen, dass alle Lutheraner zusammengehören, feiert er regelmäßig mit den Nachbargemeinden Kwamondi und Ntumeni an jedem fünften Sonntag eines Monats einen gemeinsamen Gottesdienst. Viermal im Jahr kommen sie auf diese Weise zusammen.

Aber auf jeder Jahreshauptversammlung der deutschsprachigen Gemeinde stellen zwei ältere Gemeindeglieder den Antrag, doch endlich die gemeinsamen Gottesdienste mit den Zulu-Gemeinden wieder abzuschaffen.

*

»Zum Glück hatten diese rückwärtsgewandten Vertreter der Apartheid aber nie die Mehrheit in der Gemeindeversammlung. Dennoch versuchten sie immer wieder, ihr Ansinnen durchzusetzen. Auf mich wirkten sie wie letzte Mohikaner. In meinem Kirchenvorsteher Oswald Wellmann hatte ich aber zum Glück eine verlässliche Stütze. Als der Antrag mal wieder gestellt wurde, flüsterte er mir leise zu: ›Bleib sitzen!‹ Dann stand er auf und erklärte geduldig, aber bestimmt, dass es bei dieser Regelung bleibe. Punkt. Und so blieb es auch. Ich musste jedenfalls danach nie wieder die gemeinsamen Gottesdienste verteidigen.

Wie gegenwärtig die Apartheid zu meiner Zeit in Eshowe noch war, zeigten mir viele kleine Vorkommnisse – wie das folgende: Zu meiner Gemeinde gehörte eine Inderin, die in einer Apotheke arbeitete. Diese Apotheke hatte absurderweise noch zwei Eingänge: einen für Weiße, einen zweiten für sogenannte Nicht-Weiße. Bedient wurden die Gruppen ebenfalls in zwei unterschiedlichen Räumen.

Ich bin ganz frech durch den Eingang für Nicht-Weiße in die Apotheke gegangen, da ich von der indischen Frau aus meiner Gemeinde bedient werden wollte. Doch mein Auftauchen in der Sektion für ›Nicht Weiße‹ war ihr sehr peinlich.

›Komm bitte schnell mit auf die andere Seite‹, flüsterte sie mir über den Ladentisch zu. ›Die Medikamente dort sind besser!‹ Ob dies stimmte, weiß ich nicht. Vielleicht hatte sie auch nur Angst, Ärger mit ihrem Chef, dem Apotheker, zu bekommen.«

Solche Erlebnisse zeigen: Manneke hat keinen leichten Stand. Denn zu seinen seelsorgerischen Aufgaben kommt die Vermittlungsrolle in vielen sozialen Fragen.

Die lutherische Kirche ist die größte im Zululand. Die Menschen vertrauen ihr. Ihre Missionare kamen vornehmlich aus Skandinavien, Deutschland und den USA. Und sie alle mussten vor Stellenantritt die Zulu-Sprache erlernen. Dass sie deren Sprache beherrschten, machte sie den Einheimischen sympathisch. Die Missionare aus England dagegen arbeiteten fast ausschließlich mit Dolmetschern. Ein gravierender Unterschied.

Manneke hält sieben Gottesdienste im Monat – vier auf Englisch, drei auf Deutsch. Obgleich er nicht in Zulu predigt, wählt man ihn in den Vorstand des *Zululand Council of Churches*. Er wird wegen seiner standhaften, freundlichen Art geschätzt. Und für seine Eigenschaft, zu jedem Menschen, gleich welcher Hautfarbe, zuvorkommend zu sein. Obwohl er ein Weißer ist, wählen ihn im Jahr 1985 die Delegierten sogar zum stellvertretenden Vorsitzenden des *Zululand Council of Churches.* Ein weiterer Brückenschlag ist gelungen.

*

»Insgesamt habe ich 13 Jahre in Südafrika gelebt. Nach meiner Zeit im Zululand war meine nächste Station Vanderbijlpark im Großraum von Johannesburg. Auch hier hatte ich Gottesdienste in deutscher und englischer Sprache zu halten. Ich leitete die Evangelisch-lutherische Gemeinde im Vaaldreieck. Nicht weit von Vanderbijlpark entfernt befindet sich die Township Sebokeng. Dieser Wohnort von schwarzen Arbeitern blickt auf eine aufrüttelnde Geschichte zurück.

Der Name bedeutet in der Sesothosprache so viel wie ›Versammlungsplatz‹. Die Apartheid-Regierung in Südafrika gründete diese Arbeitersiedlung im Jahre 1965, um Wohnraum für schwarze Arbeiter zu schaffen, die im benachbarten Industriegebiet gebraucht wurden. Billige Baracken, einfachste Häuser prägten das Gesicht des Stadtteils, der zeitweise eher wie ein Slum anmutete. Im Jahre 1984 demonstrierten die Einwohner gegen die schlechten Lebensverhältnisse und viel zu hohe Mieten. Die Polizei griff hart durch, und es kam zu einem großen Aufstand der unterdrückten Menschen. Aufgrund der Demonstrationen nahm die Sicherheitspolizei 2300 Personen fest. Und bis zum Herbst 1985 töteten Sicherheitskräfte insgesamt 600 Demonstranten – eine grausame Eskalation.

Auch in Vanderbijlpark habe ich Gottesdienste mit lutherischen Township-Gemeinden gefeiert, bei uns in der Kirche und in den Townships Sebokeng, Sharpville und Zamdela.«

Eine entscheidende Zeit für den jungen Geistlichen: Denn im Apartheidsstaat Südafrika erlebt Manneke täglich mit eigenen Augen das, was sein Vater als große Ungerechtigkeit bezeichnete: dass Menschen aufgrund ihrer Hautfarben unterschiedlich behandelt werden.

Heute sagt Wilfried Manneke über diese Erfahrungen: »Brückenbauer zu sein: Darin sah und sehe ich meine Aufgabe. Und das hat meine Kirche von uns Pastorinnen und Pastoren auch stets erwartet.«

*

Wilfried Manneke muss zurück nach Deutschland – Überseepfarrer können nur eine bestimmte Zeit lang im Auslandseinsatz bleiben. Im Mai 1995 kehrt der Pastor heim. Er will sich besinnen, neu orientieren, auf die kommenden Aufgaben konzentrieren, von denen er noch nicht weiß, wie sie aussehen werden. Soll er eine Gemeinde in einer Stadt übernehmen? Oder geht es für ihn doch lieber aufs Land? Dass seine Fähigkeit als Brückenbauer auch in Zukunft besonders gefragt sein wird, ist Manneke zu diesem Zeitpunkt noch nicht klar.

Kapitel 3

Aufmarsch-Ort Südheide

Wie die extremen Rechten die Städte vom Land aus erobern wollen

Als Pastor Manneke im Herbst 1995 zu seiner ersten Mahnwache nach Hetendorf fährt, ist er beunruhigt. Aufgewühlt von den Schilderungen seines katholischen Kollegen stellt er fest: Es ist nicht mehr die Südheide seiner Studienzeit, in der er sich bewegt. Mittlerweile hat die Landschaft braune Flecken bekommen. Mannekes neue Wirkungsstätte als Pastor in Unterlüß befindet sich mitten in einem Zentrum der Neonazi-Szene in Norddeutschland: Hier in der Heide veranstalten die alten und die neuen Rassisten und ewig Gestrigen sogenannte Brauchtumsfeiern, vernetzen sich ungeniert und rekrutieren unter den Teenagern neue Anhänger. »Wir erobern die Städte vom Lande aus«, lautet ihre neue Parole. Jürgen Rieger, der Mann, der auch *Hetendorf 13* als Begegnungsstätte geschaffen hat, versuchte diese Devise in die Tat umzusetzen. Auch Beate Zschäpe kommt 1997 hierher, bevor sie untertaucht und der *Nationalsozialistische Untergrund (NSU)* seine Mordserie gegen Menschen mit ausländischen Wurzeln startet.

*

Je tiefer man gräbt, desto mehr braunen Sumpf entdeckt man: Der 53-jährige Kapitän Gustav Schneeclaus wird am 18. März 1992 in Buxtehude von zwei Skinheads so brutal geschlagen und getreten, dass er an den Folgen der Verletzungen stirbt.

An jenem Mittwoch trifft der Kapitän nachmittags auf die beiden Gestalten, die sich am Busbahnhof aufhalten. Schneeclaus kommt offensichtlich über Seefahrergeschichten mit den Neonazis Stefan S. und Stephan K. ins Gespräch. Dann soll Schneeclaus – laut Gerichtsprotokoll – gesagt haben: »Hitler war der größte Verbrecher!« Offensichtlich, wie das Gericht später feststellt, der Grund dafür, dass die beiden Neonazis völlig durchdrehen.

Stephan K. gibt später im Prozess vor Gericht an, dass er sich schon durch andere Aussagen von Schneeclaus provoziert gefühlt habe – etwa durch den Satz, dass »Hitler ja Österreicher und gar kein Deutscher war«.

Die beiden Neonazis, offensichtlich historisch nur unzureichend gebildet, schlagen auf den Kapitän ein, bis dieser bewusstlos von der Bank fällt, auf der er sitzt. Dann verschwinden sie mit dem Auto – nur, um eine Dreiviertelstunde später wieder zurückzukommen.

Diesmal sind sie zusätzlich mit einem Kantholz bewaffnet, um ihrem Opfer den Garaus zu machen. Mit dem Knüppel und ihren Springerstiefeln schlagen und treten sie auf Schneeclaus ein. Der 19-jährige Stefan S. springt, so vermelden die Protokolle, darüber hinaus auch immer wieder auf das wehrlose Opfer. Sein Kamerad feuert ihn dabei an: »Mach ihn tot, mach ihn tot.« Anschließend verschwinden die beiden Neonazis. Sie rufen einen Freund an, damit er ihnen hilft, vor den Strafverfolgungsbehörden abzutauchen. Ihre Begründung laut Protokoll: »Wir haben einen umgehauen und müssen weg. Komm, fahr' uns nach Hamburg.«

Der Freund hilft ihnen zunächst zu fliehen, kehrt später aber allein zum Tatort zurück. Von dem, was er sieht, ist er entsetzt und benachrichtigt kurz vor Mitternacht anonym den Notarzt, der Schneeclaus schwer verletzt am Busbahnhof neben der Bank findet. Niemand hat sich um den Sterbenden gekümmert.

Der Kapitän wird unterkühlt, mit schweren inneren Verletzungen, einem Schädelbruch, einem abgerissenem Halswirbel und vier gebrochenen Rippen ins Kreiskrankenhaus Stade eingeliefert. Dort stirbt er in der Nacht von Samstag, dem 21., auf Sonntag, den 22. März, aufgrund der schweren Verletzungen an einem Herz-Kreislauf-Versagen.

*

Ein Gedenkstein am Buxtehuder Busbahnhof erinnert an die Ermordung von Kapitän Gustav Schneeclaus. Die Geschichte allein ist furchtbar, grausam, unsagbar unmenschlich. Aber fast noch schlimmer ist, was danach in der juristischen Aufarbeitung folgt: Das Landgericht Stade verurteilt die beiden Täter Stefan S. (19) und Stephan K. (26) zu Haftstrafen von gerade einmal sechs und achteinhalb Jahren – wegen Körperverletzung mit Todesfolge, nicht wegen Mordes.

Manneke wird nachdenklich: Auch Stefan S. war öfter auf dem Hof von Joachim Nahtz ganz bei ihm in der Nähe zu Gast. Er gehörte nicht nur zu den regelmäßigen Besuchern der Neonazi-Veranstaltungen, sondern war immer wieder auch mit einem Verkaufsstand seines Ladens *Streetwear Tostedt* anwesend.

Die Haft läutert den braunen Totschläger nicht. Nach seiner Freilassung macht er zunächst in der extrem rechten Szene weiter Furore, betreibt unter anderem lange Zeit einen *Streetwear*-Laden in Tostedt. Dort gibt es nicht nur Rechtsrock-CDs und Quarzsand-Handschuhe, die rechte Schläger gerne einsetzen, um ihre Opfer schwer zu verletzen, sondern auch die Neonazi-Labels *Thor Steinar* und *Eric & Sons*. Der Laden wird zu einem Anlaufpunkt der Szene.

Als Mitglieder der Kameradschaft *Gladiator Germania* terrorisieren Stefan S. und seine Kumpane den niedersächsischen Landkreis. Im Rechtsrocknetzwerk *Blood & Honour* übernimmt er die Leitung für die *Sektion Nordmark*, organisiert Konzerte und sorgt mit dem sogenannten *Saalschutz Nordmark* für die Sicherheit derselben, unter anderem auch für eine Band mit dem martialischen Namen *Kategorie C – Hungrige Wölfe*. Tostedter Neonazis sind am Angriff auf ein Jugendzentrum in Delmenhorst beteiligt und manches mehr. Inzwischen soll Stefan S. der rechten Szene den Rücken gekehrt haben.

Auch Stephan K., sein ehemaliger Komplize, macht weiter von sich reden. 25 Jahre nach der Tat in Buxtehude ermittelt die Staatsanwaltschaft Hamburg gegen ihn. Er hat am 17. Dezember 2017 im Hamburger S-Bahnhof Veddel eine Explosion verursacht. Auf einem Bahnsteig geht eine Scheibe zu Bruch, als ein oder zwei starke Böller hochgehen, die etwa 50 Gramm Schwarzpulver enthalten. Ein Passant erleidet ein Knalltrauma. Vor Ort werden auch Schrauben gefunden. Ob sie mit der Tat in Zusammenhang stehen und Teil eines Anschlagsplanes sind, bleibt offen. In Veddel haben über 70 Prozent der Bewohner einen Migrationshintergrund. Vermutlich ist es kein Zufall, dass im Zentrum des Stadtteils ein Anschlag verübt werden sollte.

*

»Es war zu Beginn meiner Tätigkeit in Unterlüß sehr wichtig, solche Informationen aus dem Umkreis zu erhalten. Auch wenn einige Mitbürger meinten: ›Das ist doch alles nicht so schlimm! Das sind doch nur ein paar Durchgeknallte, die sich ein bisschen austoben wollen!‹. Für mich waren diese Hinweise auf das braune Treiben in der Lüneburger Heide ein Weckruf. Ich dachte mir: Ich war nun lange genug im Land der Apartheid – und diese Politik hatte eine Nähe zur Ideologie Adolf Hitlers. Und das soll es jetzt auch wieder mitten in Deutschland geben? Wohin bist du hier geraten?«

Eines müssen wir klar und deutlich sagen: Wir haben es bei dieser Szene nicht mit einer verqueren, politisch motivierten »Neuen Rechten« zu tun – sondern mit Hardcore-Neonazis: Totschlägern, Judenhassern, Rassisten, Lebensborn-Verfechtern, Auschwitz-Leugnern, NPD-Ideologen – kurzum: Verächtern menschlicher Werte. Das, was da hervorkriecht, ist nicht die Version des smarten Rechtspopulisten à la Haider oder Höcke, die viel zu schlau sind, bestimmte Grenzen des Strafrechts zu überschreiten. Nein, das sind die Horden auf den Spuren jener Braunhemden, die Synagogen angezündet und Menschen auf Befehl totgeschlagen und vergast haben.

Die jüngeren Gefolgsleute der heutigen Neonazis haben leider oft keinen blassen Schimmer – erst recht nicht von Geschichte. »Vor meinem evangelischen Pfarrhaus brüllen sie: ›Juden raus!‹ … Nun ja, offensichtlich ist bei denen ein irgendwie formulierter Antisemitismus Pflicht«, stellt Pastor Manneke nüchtern fest.

Diese kleinen braunen Wölfe wissen anscheinend nichts über die Zusammenhänge und Unterschiede zwischen Juden- und Christentum. Aber ihre Rudelführer beherrschen die Klaviatur der Manipulation offenbar virtuos. Und gerade das macht diese Bewegung so gefährlich.

*

Jürgen Hans Paul Rieger, Jahrgang 1946, stammt aus einem gebildeten Elternhaus. Seine Eltern sind Ärzte, er wächst anscheinend wohlbehütet auf. Nichts deutet darauf hin, dass er einstmals einer der radikalsten Neonazi-Führer in Deutschland nach dem Zweiten Weltkrieg werden könnte. Er studiert Jura, betreibt in Hamburg eine Rechtsanwaltskanzlei – und muss seit den 80er-Jahren als die Schlüsselfigur der rechtsradikalen Szene angesehen werden.

Der NPD-Politiker ist eine braun schillernde Figur: Er sammelt Militaria, hängt der kruden nationalsozialistischen Rassenideologie von Blut und Boden und der Vorherrschaft des weißen Herrenmenschen an. Nebenbei unterhält er einen eigenen Fuhrpark von Wehrmachtsfahrzeugen, mit denen er auch schon mal durch die Stadt kurvt. Nachdem er in einem Kübelwagen mit den Emblemen der Waffen-SS durch Reinbek bei Hamburg braust, wird er wegen Verwendung verfassungsfeindlicher Symbole zu einer Geldstrafe in Höhe von 14400 Mark verurteilt. Doch das ficht ihn nicht weiter an: Einen echten Neonazi wie Rieger kann man mit keiner Strafandrohung und keinem Urteil eines bundesrepublikanischen Gerichtes bremsen.

Der Mann bleibt auffällig. So erwirbt der Anwalt immer wieder Immobilien als Treffpunkte für braune Gesinnungsgenossen. Er keift und brüllt, hetzt und droht, wenn er irgendwo auftritt, und verbreitet abstruse Theorien über Volk, Reich und Rasse. Seine heftigen Wutanfälle sind legendär in der rechten Szene.

Nach außen hin wahrt Rieger eine bürgerliche Fassade: Er ist verheiratet, hat vier Kinder. Offensichtlich stehen die anderen Mitglieder seiner Familie mit dem Rechtsradikalismus nicht in Verbindung. Rieger hindert das nicht, wie ein Berserker die Ideologie der Rechtsradikalen nach vorne zu bringen. Er ist überall dabei, wenn es um die braune Sache geht.

Schon seit Anfang der 70er-Jahre – damals ist er gerade mal 25 Jahre alt – macht er von sich reden. Einer seiner Spießgesellen ist der einstmals in der Wissenschaft renommierte Althistoriker und Byzantinist Berthold Rubin, der sich seit den 50er-Jahren immer absurder in Neonazi-Ideologien eingräbt – und deswegen zu Recht auch seinen ursprünglich exzellenten wissenschaftlichen Ruf als Byzantinist verliert. Im Jahre 1971 fingiert Rubin unter Beteiligung des rechtsradikalen Anwalts Jürgen Rieger seine eigene Entführung. Er fälscht Drohbriefe, hält sich für mehrere Tage versteckt und will so den Eindruck eines Verbrechens vortäuschen, das angeblich linksradikale Gruppen an ihm begangen hätten. Doch sein Plan wird aufgedeckt. Seine Entführungs-Schmonzette ist zu durchsichtig. Für diese Vortäuschung einer Straftat wandert der 60-jährige Rubin schließlich sechs Monate ins Gefängnis.

Später wird Jürgen Rieger wegen Körperverletzung im Zusammenhang mit einer Demonstration der *Aktion Widerstand* in Würzburg zu einer Geldstrafe verurteilt. Er hat den Gedanken, den politischen Gegner mundtot machen zu wollen, diesmal allzu wörtlich genommen. Auch sonst hält er nicht die Füße still: Eine von ihm als Treffen von *Liebhabern militärischer Fahrzeuge* angemeldete Veranstaltung auf einem Bundeswehrgelände entpuppt sich im Nachhinein als veritable Wehrsportübung.

1996 vertritt er den Hamburger Neonazi und Holocaust-Leugner Thomas Wulff in einer Strafsache wegen Volksverhetzung. Zur Entlastung seines Mandanten beantragt Jürgen Rieger, einen Diplom-Chemiker als Sachverständigen zu vernehmen, der die These untermauern soll, dass im KZ Auschwitz-Birkenau keine Vergasungen von Menschen mit Zyklon B stattgefunden hätten. Er wird daraufhin selbst wegen Volksverhetzung angeklagt und nach mehreren Verfahren, allerdings erst sieben Jahre später, rechtskräftig zu einer Geldstrafe verurteilt.

Mit 26 Jahren ist er Vorstandsmitglied im sogenannten *Nordischen Ring* und Vorsitzender einer *Gesellschaft für biologische Anthropologie, Eugenik und Verhaltensforschung*. Sein Menschenbild steht in der Tradition des nationalsozialistischen Rassenideologen Hans F. K. Günther. Viele Jahre lang organisiert Rieger den Rudolf-Heß-Gedenkmarsch. Und auf seine Initiative hin schließen sich die freien Kameradschaften der rechten Szene und die Nationaldemokratische Partei Deutschlands (NPD), die sich vorher gemieden haben, zusammen. Den freien Kameradschaften war die NPD bis dahin schlicht zu lasch. Jürgen Rieger überzeugt sie, dass es Sinn macht, die Kräfte dennoch zu bündeln.

*

1978 kauft ein Hamburger *Freundeskreis Filmkunst*, wie schon erwähnt, von der Bundesvermögensverwaltung das *Heideheim* oder auch *Hetendorf 13* genannte Anwesen unweit von Unterlüß. Lange Zeit war es ein landwirtschaftlicher Betrieb. Nach dem Zweiten Weltkrieg richtet die Diakonieeinrichtung Lobetalarbeit Celle e. V. auf dem etwa 12 000 Quadratmeter großen Areal ein Heim für behinderte Kinder ein.

Im Ort gibt es keine Straßennamen, sondern die Häuser sind durchnummeriert. Seit 1992 steht der zwei Jahre zuvor gegründete Hamburger Verein *Heide-Heim* als Eigentümer in den Grundbüchern. Dessen Vorsitzender ist – kein anderer als Jürgen Rieger. Seither entwickelt sich das Anwesen zu einem Zentrum neonazistischer Aktivitäten und zählt mit seinen knapp 300 Betten zu den, wie der Verfassungsschutz feststellt, »wichtigsten Treffpunkten und Schulungsstätten des deutschen Rechtsradikalismus«.

Auch die *Wiking-Jugend*, eine Nachfolge-Organisation der *Hitler-Jugend* und des *Bundes Deutscher Mädel*, hält hier bis zu ihrem Verbot regelmäßig Zeltlager ab. Mit schwarz-weiß lackierten Landsknechtstrommeln und Fahnenwache. Bis zu achtmal im Jahr marschieren die Rechtsradikalen mit Fackeln durch den Ort, der nur ein paar Hundert Einwohner hat. Im Jahre 1991 findet erstmals die sogenannte *Hetendorfer Tagungswoche* statt, mit einer »Sonnenwendfeier« zum Abschluss. Mehr als 200 vorwiegend junge Rechtsradikale aus ganz Deutschland kommen bei solchen Anlässen zusammen.

Das Gelände liegt nur 20 Kilometer vom Pfarrhaus der *Friedenskirche* in Unterlüß entfernt.

*

1990 wird in Hetendorf ein weiteres großes Gutshaus mit einem 800 Quadratmeter großen Grundstück versteigert. Rechtsradikale geben das höchste Gebot ab.

Woher haben sie all das Geld, um die Immobilien zu kaufen?

Die Antwort lautet: Rieger. Der Mann verwaltet ein beträchtliches Vermögen, das angeblich aus Erbschaften von verstorbenen Gesinnungsgenossen und aus Aktien- und Immobiliengeschäften stammt. So war er vermutlich Testamentsvollstrecker des verstorbenen Lehrers Wilhelm Tietjen, eines früheren NSDAP-Mitglieds mit schillernder Vergangenheit. Die von ihm betreute *Wilhelm-Tietjen-Stiftung für Fertilisation* verwaltet das Vermögen des verstorbenen Bremers. Sein Erbe soll zur »Fruchtbarkeitsforschung« eingesetzt werden, die Tietjen als »Fertilisation« bezeichnete. Tietjen selbst hatte keine Kinder und beauftragte Rieger mit der Verwaltung seines Nachlasses. Dessen Höhe wird auf über eine Millionen Mark geschätzt.

Auch Gertrud Herr, frühere Führerin im *Bund Deutscher Mädel*, kurz BDM, hat ihr Vermögen angeblich komplett den rechten Gesinnungsgenossen vermacht. Den Nachlass verstorbener »Kameraden« verwaltet Rieger unter dem Deckmantel einer Firma, die nur aus einer Adresse besteht.

Rieger hat durch seine »Briefkastenfirma« Zugriff auf eine größere Menge Geld. Und er will es in Hetendorf wieder zum Kauf einer Immobilie einsetzen. Doch es gibt in diesem Fall ein Einsehen: Die versteigernde Bank verweigert trotz eines aberwitzigen Gebots der Rechtsradikalen den Zuschlag, als sie von den gesellschaftlichen Hintergründen des Hamburger Rechtsanwalts Jürgen Rieger erfährt. Das geschieht allerdings nicht von ganz allein: Die Hetendorfer und Hermannsburger Bevölkerung übt durch Unterschriftensammlungen, Demonstrationen, Leserbriefe und Appelle an den Niedersächsischen Landtag so starken Druck aus, dass ein Verkauf an Rieger oder dessen rechtsradikale Organisationen – und damit eine weitere Ausbreitung dieser Gruppierungen in Hetendorf – verhindert werden kann.

Doch Jürgen Rieger ist extrem umtriebig und verfolgt seine Pläne mit großer Entschlossenheit weiter. 1995 erwirbt er in der Nähe von Mariestad in Südschweden für etwa 1,6 Millionen Mark das Anwesen *Sveneby Säteri*, ein Herrenhaus mit 18 Zimmern, umgeben von 650 Hektar Land.[3] Fernab im ländlichen Schweden sollen »germanische Nachkommen« aufwachsen.

Trotz Protesten der schwedischen und deutschen Regierung fließen in den folgenden Jahren angeblich EU-Subventionen in Höhe von jährlich bis zu 400 000 Euro an ihn, wie die *Berliner Tageszeitung* unter dem treffenden Titel: »Anwalt reinrassiger Schweine« im Jahre 2001 berichtet – weil Rieger vor Ort angeblich eine ökologische Schweinezucht betreibt.

Der Mann hat jedenfalls große Pläne: Er versucht nun »reinrassige« Deutsche zur Umsiedlung nach Schweden zu bewegen, schaltet Anzeigen. Doch die Aktion, mit der offensichtlich ein neuer »Lebensborn« begründet werden soll, misslingt: Es finden sich nur wenige Familien, die diesen Schritt gehen wollen. Der Grund dafür: Diejenigen »Rassedeutschen«, die sich für Riegers Kolonialisierungsprojekt melden, haben offenbar zu wenig Geld, um alle Brücken hinter sich abzubrechen und ein neues Leben in Schweden zu beginnen.

Einer der führenden schwedischen Rechtsextremisten, Klas Lund, erwirbt danach ein weiteres Gelände, 650 Hektar groß, in unmittelbarer Nähe des Gutes Sveneby. Mehrere Personen aus dem Führungskreis der »Schwedischen Widerstandsbewegung« (SMR), einer Nachfolgeorganisation der antisemitischen Gruppe *Weißer Arischer Widerstand*, sollen dort ein und aus gegangen sein. Nach schwedischen Angaben trainiert zeitweise die SMR und die *Nationalsozialistische Front* in geheimen Lagern in den umliegenden Wäldern Waffentechnik und Selbstverteidigung. Im Dezember 2003 brennt das Anwesen ab, einen Monat zuvor waren Klas Lund und sechs Gesinnungsgenossen bei einer Polizeirazzia verhaftet worden. In Lunds Wohnung findet die Polizei mehrere Waffen.

1999 erwirbt Jürgen Rieger einen angeblich etwa zwei Millionen Euro teuren Gebäudekomplex mit Wohnungen, mehreren Ladengeschäften und einem Kino in Hameln. Als Rieger dort im Jahr 2005 eine Tagung mit bekannten Neonazi-Größen und »volkstümlicher« Musik veranstalten will, wird diese Veranstaltung von der zuständigen Behörde mit der Begründung verboten, in dem Gebäude seien Baumängel festgestellt worden. Als Zeichen des Protestes gegen das Veranstaltungsvorhaben organisieren besorgte Bürger zudem einen »Ring um die Altstadt«.

2003 erwirbt die *Wilhelm-Tietjen-Stiftung für Fertilisation* durch Rieger zwei weitere Immobilien – das

Schützenhaus im thüringischen Pößneck und den *Heisenhof* in Dörverden. Ein geplanter Kauf des *Hotels am Stadtpark* in Delmenhorst scheitert. Die Stadt Delmenhorst macht von ihrem städtischen Vorkaufsrecht Gebrauch und schnappt Rieger das Hotel quasi »vor der Nase weg«.

Doch Rieger lässt nicht locker: Gemeinsam mit anderen Rechtsradikalen gründet er im Juli 2009 in Wolfsburg einen Museumsverein, der an die NS-Organisation *Kraft durch Freude* sowie an die Entwickler des KdF-Wagens erinnern soll. Die Stadt Wolfsburg wehrt sich gegen die Pläne. Schließlich gelingt es, das von Rieger für das geplante »Museum« in den Blick genommene Gebäude aufzukaufen und das Projekt auf diesem Wege zu verhindern.

Wie der NDR seinerzeit berichtete, handelte es sich bei der angeblichen *Wilhelm-Tietjen-Stiftung* um eine rein kommerzielle Unternehmung – um eine Art GmbH, nämlich eine haftungsbeschränkte »Limited«, die lediglich die Bezeichnung »Stiftung« im Namen führte, ohne jemals eine solche gewesen zu sein. Sie war in einem privaten Register als eine Art Briefkastenfirma gelistet. Die Löschung erfolgte durch die Betreiberfirma des Registers, weil weder Umsätze gemeldet noch entsprechende Bilanzen eingereicht wurden.

Ein Schlaganfall auf einem Berliner NPD-Treffen setzt Riegers Leben im Oktober 2009 ein jähes Ende. Und damit auch seinen Umtrieben.

*

Gegen die Treffen auf *Hetendorf 13* formiert sich mit den Jahren immer mehr Widerstand in der Bevölkerung. Regelmäßig kommt es zu Demonstrationen mit einer wachsenden Zahl von Teilnehmern, manchmal sind sogar einige Hundert vor Ort. Ein Pressebericht spricht von bis zu 3000 Demonstranten. Die Polizei steht an manchen Tagen mit Wasserwerfern und Schlagstöcken zwischen den Fronten.

Pastor Manneke erinnert sich: »Allen Teilnehmern an der Mahnwache ist klar: Der Schandfleck *Hetendorf 13* muss weg. Und, wie sich in den Jahren danach zeigen wird, eine Reihe anderer Schandflecke auch. Bei solchen Aktionen wird deutlich, dass der Widerstand vor allem aus der breiten bürgerlichen Bevölkerung kommt. Und das hat seinen Grund. Denn diese Menschen der Mitte, der Demokratie sind den Menschenrechten verbunden, fürchten sich vor dumpfem Rassismus, Hass und Gewalt. Und sie wollen, dass die christlichen Werte nicht von Gewalttätern außer Kraft gesetzt werden. Deshalb sind an den Mahnwachen außer dem katholischen Geistlichen Lossau und mir auch weitere Theologen beteiligt, wie die beiden evangelischen Pastoren Hartmut Bartmuß und Klaus Burckhardt aus Hermannsburg. Sie stehen in der Protestbewegung gegen *Hetendorf 13* in vorderster Reihe.«

Und man hat, wenn es um die Sache geht, keine Berührungsängste, mit anderen Gruppierungen zusammenzustehen. Häufig ist auch die Antifa Lüneburg beteiligt. Wilfried Manneke stellt fest: »Ich habe damit keine Probleme – solange der Protest friedlich bleibt.

Auf Mahnwachen und Demonstrationen gegen Rechtsradikalismus trete ich meistens in einem blauen Pastorenhemd auf. In Südafrika habe ich solche Hemden häufiger getragen, aber in Deutschland trage ich sie nur noch selten. Zu den Demos gegen Rechtsradikalismus ziehe ich sie aber wieder an, weil ich möchte, dass gesehen wird, dass Kirche sich hier beteiligt. Denn mein Leitsatz lautet: Christlicher Glaube und Rechtsextremismus sind unvereinbar!«

*

Der Protest wird drängender. Denn die Außenwirkung der Neonazi-Präsenz auf die gesamte Südheide ist beklemmend. In Hetendorf fühlen sich Dorfbewohner zunehmend bedrängt und bedroht. Einige von ihnen, die sich getraut haben, öffentlich gegen die Neonazis zu protestieren, werden weiterhin mit persönlichen Drohungen drangsaliert. Keine Frage: Rieger und seine Gefährten betreiben schließlich kein Mädchenpensionat. Schon ihr martialisches Auftreten kann braven Bürgern Angst und Bange machen.

Und Gewalttaten geschehen. Eines Tages steht wieder eine Mahnwache vor dem Neonazi-Zentrum in Hetendorf. Eine Schar, bekleidet mit Bomberjacken und Springerstiefeln, schüttelt die Fäuste, pöbelt die friedlich Protestierenden an und springt dann plötzlich über die Mauer. Auch Jürgen Rieger ist dabei. Sie stürmen auf die Demonstranten zu, brüllen, rempeln und schlagen. Manche Damen mittleren Alters und ältere Männer, die da mit ihren Schildern eine Mahnwache veranstalten, rennen sie einfach um. Nur ein Polizeibeamter ist mit seinem Streifenwagen vor Ort. Er ist machtlos.

*

Die Eskalation ist nun auch von staatlicher Seite nicht mehr zu leugnen. Obwohl das Innenministerium aus Sicht Mannekes lange zögerlich agiert, zeigt der wachsende Protest in der Südheide schließlich doch politische Wirkung: Niedersachsens Innenminister Gerhard Glogowski verbietet im Februar 1998 endlich den Betrieb der Begegnungsstätte und der Schulungseinrichtungen. Die amtliche Begründung nennt das Kind beim Namen: Die Betreiber, bekannt als »Heideheimverein«, bekämpften die verfassungsmäßige Ordnung der Bundesrepublik. Das Bundesverwaltungsgericht Berlin bestätigt dieses Verbot in einem späteren Verfahren. Manneke erinnert sich: »Die Neonazis mussten *Hetendorf 13* verlassen. Doch das Böse ist banal: Noch lange Zeit fungierte eine Frau aus meiner Nachbarschaft als Immobilienverwalterin für Jürgen Rieger. Mit ihrer Familie wohnt sie nur unweit unseres Pfarrhauses in Unterlüß. Wir treffen uns zwangsläufig, wenn sie und ihr Mann mit ihrem Schäferhund spazieren gehen. Aber wir haben bisher noch nie ein Wort miteinander gewechselt.«

Kapitel 4

»Wir sind gekommen, um zu bleiben«

Die Besetzung des »Landhotels Gerhus«

Kein Wunder, dass Jürgen Rieger nach dieser Pleite unbedingt wieder Schulungszentren einrichten will. Ein brauner Wolf wie er gibt so schnell nicht auf. Nach der Schließung von *Hetendorf 13* versucht er es an verschiedenen Orten in Niedersachsen, wie zum Beispiel in Dörverden, Delmenhorst, Melle, Hameln, Wolfsburg und in Laatzen – aber jedes Mal vergeblich. Denn der Erfolg des Bürgerprotestes in der Südheide beginnt sich herumzusprechen.

Ein Choleriker wie er, dessen Weltbild gestrickt ist aus braunen Allmachtfantasien, Rassenwahn und Gewalt, darf keine Niederlagen zulassen. Wohl deshalb überschreitet Rieger eine weitere Grenze. Am 18. Oktober 2008 berichtet die *Cellesche Zeitung*: Der rechtsradikale Anwalt Jürgen Rieger will das leer stehende *Landhotel Gerhus* in Faßberg kaufen – etwa 14 Kilometer von Hetendorf entfernt. Der heruntergekommene Bau hat 50 Zimmer, bietet insgesamt 200 Betten und verfügt über einen angeschlossenen Campingplatz. Das Hotel, so plant es Rieger, soll als Schulungszentrum wie einst *Hetendorf 13* dienen und der Campingplatz als Lager für die rechtsradikalen Jugendtreffen. Rieger bietet auch hier viel Geld – etwa 1,2 Millionen Euro. Wieder ist Pastor Manneke alarmiert: »Man kann sich nach den bisherigen Ereignissen vorstellen, welch einen Aufschrei diese Nachricht in unserer Region ausgelöst hat. Rieger war für uns ja kein Unbekannter. Zehn Jahre zuvor war sein erstes rechtsradikales Zentrum mühsam durch eine Verfügung des Landes Niedersachsen geschlossen worden. Nun bahnte sich eine Neuauflage an. Das *Landhotel Gerhus* ist nur acht Kilometer von Unterlüß entfernt.«

*

Die Gemeinde Faßberg macht nach der Bekanntgabe von Riegers Angebot sofort von ihrem Vorkaufsrecht Gebrauch und sucht nach einem anderen Investor. Sie findet aber niemanden, der bereit ist, mehr als 1,2 Millionen Euro für das heruntergekommene Anwesen zu bieten.

Rieger dauert das alles viel zu lange. Er fühlt sich hingehalten von den Bürokraten. Nun will er Erfolge sehen – indem er das Heft des Handelns ergreift. Wenn es sein muss gegen das Gesetz der Bundesrepublik – auf das er anscheinend ohnehin nichts gibt.

*

»Plötzlich macht eine Nachricht die Runde, die uns alle aufwühlt: Auf Anweisung von Jürgen Rieger sollen Neonazis in der vergangenen Nacht das *Landhotel Gerhus* besetzt haben. Sie sollen die Schlösser aufgebohrt haben und in das Gebäude eingedrungen sein. Aus den Fenstern hängen schwarze Fahnen mit der Aufschrift: ›Nationaler Widerstand‹. Es handelt sich, so berichtet eine Zeitung aus dem Umfeld, bei den Besetzern um die jungen Mitglieder einer Neonazi-Kameradschaft aus Celle.

Die erste Reaktion ist Ratlosigkeit. Dann wächst die Empörung in der Bevölkerung. Schließlich versammeln sich auf Initiative von Anna Jander und Klaus Jordan die ersten Anwohner zu einer Mahnwache vor dem Hotel. Und das mitten in den Sommerferien 2009. Die meisten meiner Pastoren-Kolleginnen und -Kollegen in den Nachbargemeinden sind im Urlaub. Ich bin weit und breit der einzige Pastor, der Dienst macht. Somit bin ich zunächst auch der einzige Kirchenmann, der am folgenden Tag an der Mahnwache teilnimmt.

Auch am nächsten Tag sind die Menschen wieder da. Ich natürlich auch. Täglich treffen wir uns von 12 Uhr bis 13 Uhr vor dem Landhotel und protestieren gegen die Besetzung. Wir werden jeden Tag mehr. Der katholische Priester Günther Birken kommt auch dazu. Er ist der Nachfolger des verstorbenen Priesters Johannes Lossau, der mich damals auf die Spur gesetzt hat. Am siebten Tag sind wir schon 350 Demonstranten, die sich vor dem Hotel versammeln.«

Die Unterstützer kommen aus allen umliegenden Orten, auch Touristen sind darunter. Viele von ihnen haben noch nie an einer Demonstration teilgenommen. Jetzt fühlen sie sich herausgefordert, als Bürger eines demokratischen Landes in Faßberg ein Zeichen zu setzen.

Mitten im Protest erreicht die Mahnwache eine Mail aus Frankreich. Es ist der Mut machende Gruß der hannoverschen Landesbischöfin Margot Käßmann. Sie ist gerade mit ihrer Familie dort im Urlaub und schreibt: »Ich bin froh, wenn unsere Kirche in Sachen Neonazis klar Stellung bezieht.« Manneke nimmt die Unterstützung dankend an, gibt sie an die Demonstrierenden weiter – und sendet ein Dankesschreiben an Margot Käßmann.

Die Mahnwache dauert an. Deutschlandweit werden immer mehr Medien auf die Situation in der Heide aufmerksam.

Ein Bericht von *SPIEGEL ONLINE* am 31. Juli 2009 belegt, wie die Stimmung in Faßberg bedrohlich eskaliert: »Reichsflaggen wehen vor dem ehemaligen *Landhotel Gerhus*, kahl geschorene Männer führen einen großen Hund um das Gebäude, breitbeinig stehen zwei Bewacher an der Grundstücksgrenze. ›Horst Wessel‹ steht auf dem T-Shirt von einem, der Name des früheren Sturmführers der SA, der den Text zur offiziellen NSDAP-Parteihymne schrieb. Sein Kamerad fotografiert mit seiner kleinen Digitalkamera die Demonstranten auf der anderen Straßenseite.

Dort stehen rund 60 Menschen und protestieren gegen die Neonazis in ihrem Dorf. Seit Sonntag kommen sie jeden Tag hierher, halten über Mittag eine Stunde Mahnwache, zeigen Transparente und Schilder, ›Bunt statt braun‹, ›Nazis raus‹.

Den einen der Bewacher, der den Demonstranten gegenübersteht, hellbraune Jacke mit Tarnmuster, kurze Hose, Sonnenbrille, den kennen sie. Es ist einer aus dem Dorf, sie nennen seinen Vornamen.

Den mit dem ›Horst Wessel‹-T-Shirt und den tätowierten Armen kennen Polizei und Verfassungsschutz, es ist Dennis B., Anführer der rechtsradikalen *Kameradschaft 73 Celle*, die seit Jahren aktiv und über die Region hinaus von Bedeutung ist.

Vor dem Hotel haben die Neonazis Transparente angebracht, ›Wir sind gekommen, um zu bleiben‹ und ›Die Presse lügt!‹ steht dort. Sie fühlen sich nicht als Hausbesetzer, sondern im Recht, treten entsprechend auf und zeigen sich von den Protesten unbeeindruckt. ›Selbstverständlich laufen wir Patrouille‹, sagt Dennis B., der im Namen von Jürgen Rieger das Hausrecht ausübt. (…)

Das *Landhotel Gerhus* ist von fünf Bundesländern aus gut zu erreichen und liegt etwas außerhalb von Faßberg. Die rechtsradikale Szene in der Region ist gut vernetzt, und im nicht weit entfernten Eschede existiert ein Hof, auf dem Rechtsradikale regelmäßig Sonnenwendfeiern veranstalten. Auf ihrer Website wünscht die *Kameradschaft 73 Celle* den ›ewiggestrigen Gutmenschen‹ schon einmal einen ›langen Atem‹. Die Demonstranten haben angekündigt, so lange ihre Mahnwachen durchzuhalten, bis die Rechtsradikalen wieder abgezogen sind.«[5] So weit der Bericht des *SPIEGEL ONLINE*-Korrespondenten.

*

Wie wird die Polizei, wie wird die Justiz auf die Besetzung des Hotels durch die braunen Horden reagieren?

Erst einmal reagieren die unterschiedlichsten Gruppen von Widerständlern. Zu denen gehört auch eine Gruppe von Motorrad-Freunden aus Nienburg. Was niemand weiß: Eines der Mitglieder der Gang ist ein Pastoren-Kollege von Wilfried Manneke. Als er von der Besetzung in Faßberg erfährt, leitet er den Ausflug seiner Biker kurzerhand um in Richtung des besetzten Hotels. »Wir wollen da mal nach den Rechten sehen!«

Wie das dann im Einzelnen aussieht, scheint die Neonazis ausgesprochen nervös zu machen: Als die Gruppe in ihren Leder Kombis vor dem besetzten Hotel aufkreuzt und mit ihren schweren Maschinen provokant Achten vor der Auffahrt fährt, fühlen sich die Hotelbesetzer offensichtlich bedroht und stürmen auf die Straße.

Die Biker bleiben angesichts dieses Aufmarschs ganz die Ruhe selbst. Sie stellen ihre Maschinen an der Auffahrt ab, krempeln ihrerseits die Ärmel hoch, bleiben aber äußerlich gelassen.

Kommt es jetzt zur Prügelei?

Die Neonazis sind irritiert. Was soll diese Demonstration der Stärke, die offensichtlich gegen sie und ihre Besetzung gerichtet ist? Wollen die Biker sie etwa aufmischen? Die Stimmung wächst bedrohlich.

Plötzlich fällt ein Schuss.

Dies ist das Signal für die Bereitschaftspolizei, die sich bislang im Hintergrund gehalten hat, nun aber in Windeseile zwischen den beiden Fronten steht und ein gewaltsames Aufeinandertreffen verhindert. Ihr Auftreten klärt die bedrohliche Lage im Handumdrehen. Die Biker ziehen ihre Jacken und Helme über, besteigen ihre Maschinen und fahren ab.

Für die Polizei ist der Schuss auch der Anlass, noch in der Nacht das besetzte Landhotel zu durchsuchen. Aber sie finden keine Waffe.

Letztlich ist nicht auszumachen, wer hier auf was oder wen schießt. Waren es die Besetzer, die versuchen, auf vermeintliche Eindringlinge mit untauglichen Mitteln zu reagieren? Oder ist es ein Jäger, der echten Schweinen, Schwarzkitteln, auf der Spur ist?

Letztlich werden die Schüsse nie aufgeklärt. Dass die Neonazis bewaffnet sein könnten, scheint angesichts ihrer sonstigen Ausrüstung aber durchaus denkbar.

*

Als Wilfried Manneke die Demonstration am *Landhotel Gerhus* verlässt und sich alleine in seinem Nissan auf den Weg nach Hause macht, merkt er, dass er verfolgt wird. Am Straßenrand nahe dem Landhotel warten vier Gestalten in einem VW-Bulli mit Ratzeburger Kennzeichen auf ihn. An der Heckscheibe steht in Frakturschrift, groß und deutlich: »Todesstrafe für Kinderschänder«.

Als Wilfried Manneke vorbeifährt, heften sie sich in ihrem olivgrünen Gefährt an seine Fersen. Wenn er langsamer fährt, drosseln auch seine Verfolger den Motor. Gibt er Gas, schließen sie direkt wieder auf.

Was die Typen wohl vorhaben? Zu einem Kaffeekränzchen werden sie den Pastor wohl kaum einladen wollen. Werden sie ihm den Weg abschneiden und ihn dann hier irgendwo draußen, auf der Landstraße im Wald stellen? Wollen sie ihn hier zusammenschlagen, so wie es rechte Schlägertrupps schon des Öfteren mit Wehrlosen getan haben? Oder wollen sie ihm bis vor seine Wohnungstür folgen? Das muss er verhindern.

Auf keinen Fall dürfen die Kerle erfahren, wo er wohnt – oder wissen sie es ohnehin längst? Wilfried Manneke beschließt, nicht nach Hause zu fahren, und lenkt seinen Nissan vor die Polizeiwache in Unterlüß. Als die rechten Gesellen sehen, was sein Ziel ist, drehen sie kurz vorher ab. Im Rückspiegel sieht er sie langsam in die Seitenstraße abbiegen. Manneke macht den Motor aus und holt erst einmal tief Luft. Der Gute Hirte ist den braunen Wölfen entkommen. Vorerst.

*

Für die Einwohner rings um Faßberg ist es unerträglich, wie lange eine solche Besetzung von den staatlichen Organen geduldet wird. Denn die Radwanderwege der Touristen, die durch die Südheide führen, kommen auch hier in Faßberg vorbei. Anna Jander, Bewohnerin des Ortes und Aktivistin der ersten Stunde gegen die braunen Wölfe, tut alles, um einen erfolgreichen Protest gegen die ungeliebten Nachbarn zu organisieren. Auch Radfahrern, die vorbeifahren, ruft sie zu: »Macht mit bei der Mahnwache. Bleibt stehen!«

Wilfried Manneke atmet einmal tief durch, wenn er an diesen Moment denkt: »Am zehnten Tag unserer Mahnwache ordnet das Landgericht Lüneburg endlich die Zwangsräumung des Hotels an. Ein Gerichtsvollzieher überreicht den Besetzern noch am gleichen Tag den Gerichtsbeschluss und gibt ihnen 30 Minuten Zeit, das Hotel zu räumen. Murrend zieht die Truppe ab.

Wir bleiben, bis der letzte braune Wolf das Hotel verlassen hat. Am Abend feiern wir dann auf dem Stoppelfeld gegenüber dem Hotel. Die ARD-*Tagesthemen* berichten darüber.

Schon am nächsten Tag wird im Internet die erste Drohung gegen uns ausgesprochen. Die Zwangsräumung des Landhotels hat die Neonazis wutentbrannt aus der Reserve gelockt. Die Anfeindungen gegen uns nehmen von da an zu, vor unseren privaten Haustüren, per Mail, per Post, im Internet.«

*

Die Neonazis sind nicht zimperlich. Aber das, was Manneke und seine Mitstreiter nun auf einer rechten Internet-Plattform zu lesen bekommen, hat eine neue Qualität:

Juhuuuu! Ein SEK ist gegen Jugendliche vorgegangen. Feiert ihr bürgerlichen Wixer ruhig euren Sieg! Die Kameraden im Hotel sind lediglich unser Nachwuchs. Der Nachwuchs der bösen Neonazis, mit denen ihr widerlichen Schweine jeden Tag Kontakt habt, von denen ihr euch als Angestellte/Subordinierte täglich sagen lassen müsst, was ihr zu tun und zu lassen habt. Warte, warte nur ein Weilchen, dann hört das SEK auch auf uns. Und dann folgt dem roten Punkt auf der Stirn gleich ein Loch in derselben. Ihr linken Wixer fühlt euch sicher? Hahahaha! Scheinbar nicht! Alles für Deutschland!

*

Wilfried Manneke bleibt trotz solcher Drohungen ruhig, wenn er erzählt, wie es weiterging: »Die Räumung ist noch nicht das Ende der Geschichte. Es wird kurz darauf der Termin für die Zwangsversteigerung des Landhotels angesetzt: Am 16. Dezember 2009 findet sie statt. Allen ist klar, dass die Vertreter der Rechtsradikalen spätestens dann das Hotel erwerben werden. Denn kein anderer Investor ist bereit, mehr zu zahlen als Rieger. Wir können uns aufgrund der Erfahrungen in Hetendorf bereits gut ausmalen, was dies letzten Endes bedeuten wird.

Am 29. Oktober 2009 erreicht uns dann eine unfassbare Nachricht: Jürgen Rieger ist tot. Er erleidet plötzlich auf dem Bundesparteitag der NPD in Berlin einen Schlaganfall. Doch was bedeutet das für die weiteren Pläne der Neonazis für Faßberg?

Schon kurze Zeit später wird bekannt, dass Rieger sein ganzes Erbe seinen vier Kindern vermacht hat. Da Riegers Kinder der rechten Szene offensichtlich nicht nahestehen, ist das Kapitel *Landhotel Gerhus* somit allein schon aus wirtschaftlichen Gründen erledigt. Die Rechtsradikalen gehen nämlich nach dem Todesfall finanziell leer aus. Wie schön.

Die Neonazi-Kameradschaft in Celle hat mir daraufhin auf ihrer Internetseite eine ›klammheimliche Freude‹ vorgeworfen. Nun, meine Freude darüber, dass die Übernahme nicht geklappt hat, will ich gar nicht verhehlen. Die Rechtsradikalen hatten ja bekanntlich über 1,2 Millionen Euro für das *Landhotel Gerhus* geboten. Aber niemand außer Jürgen Rieger hatte Zugriff auf das Geld.

Am 16. Dezember 2009 ersteigert schließlich eine Privatperson aus Celle das Landhotel für knapp über 500 000 Euro. Heute ist es ein Heim für behinderte und chronisch mehrfachbeeinträchtigte Menschen.«

*

Doch auch wenn die Rechtsextremen nicht mehr in das ehemalige *Landhotel Gerhus* zurückkehren können – ganz verschwinden werden sie aus der Umgebung nicht. Da ist sich Wilfried Manneke sicher.

Die meisten dieser Kameraden kommen aus der Region, sind hier groß geworden, gehen hier zur Schule, arbeiten in Betrieben vor Ort. Manneke kennt manche Eltern, einige der Jugendlichen hat er sogar vor ein paar Jahren konfirmiert. Für den Pastor birgt dies die Chance, mit den irregeleiteten Jugendlichen ins Gespräch zu kommen. Er will es auf jeden Fall versuchen. Denn zu viel hat er mittlerweile selbst erfahren über die Rechtsradikalen aus dem ganzen Bundesgebiet, die seit den 80er-Jahren regelmäßig in Hetendorf zu Tagungen von Jürgen Rieger und anderen kamen.

Und eines macht den Pastor stolz: Der Protest, den seine Mitbürger und er hartnäckig erhoben haben, hat gewirkt: *Hetendorf 13* geschlossen, *Landhotel Gerhus* geräumt. So etwas verbindet die Menschen in der Südheide. Und es macht sie auch ein bisschen stolz auf ihren Zusammenhalt, ihre Zusammengehörigkeit. Über einen weiteren Effekt freut sich Pastor Manneke besonders: Ein Ehepaar ist wieder in die Kirche eingetreten, weil »die Kirche« vor dem Landhotel so deutlich Position gegen Rechtsradikalismus bezogen hat. Heute gehören die beiden zum Kern des *Netzwerk Südheide gegen Rechtsextremismus.*

Kapitel 5

Der Terror geht weiter

Der Tod von Peter Deutschmann – und was rechtsextreme Täter noch anrichten

Ganz in der Nähe, in Eschede, fordert die rechte Gewalt im Jahr 1999 ein weiteres Menschenleben. Zwei junge Neonazis erschlagen am 9. August des Jahres den Obdachlosen Peter Deutschmann. Wie schon öfter hat sich der 44-Jährige an diesem Tag mit den beiden über deren politische Gesinnung gestritten – und dabei den arbeitslosen, 18 Jahre alten Marco S. und den ein Jahr jüngeren Gymnasiasten Johannes Kneifel aufgefordert, »endlich den Scheiß mit dem Skinhead-Gehabe« zu lassen. Das ist für die beiden zu viel. Sie beschließen, ihm einen »Denkzettel« zu verpassen, wie sie es nennen.

Am Abend überfallen sie den Mann, den man weithin »den Hippie« nennt, weil er ziemlich alternativ gekleidet unterwegs ist, in seiner einfachen Wohnung, die ihm die Behörden vor einiger Zeit am Ortsrand zugewiesen haben.

Dabei gehen sie mit äußerster Brutalität vor: Sie treten und schlagen den schlaftrunkenen 44-Jährigen. Sie stoßen ihn zu Boden, treten ihn ohne Gnade mit ihren schweren Stiefeln, verletzen ihn mit Glasscherben und zertrümmern seinen Kehlkopf. Damit er keine Hilfe holen kann, zerstören sie auch sein Telefon und suchen dann das Weite. Ihr Opfer lassen sie schwer verletzt und stark blutend zurück. Erst Stunden später hören Nachbarn seine Hilferufe. Aber für ihn kommt jede Rettung zu spät. Peter Deutschmann stirbt im Krankenhaus an seinen schweren Verletzungen.

Schon einen Tag später verhaftet die Polizei die beiden Täter, denen sie schnell auf die Schliche gekommen ist. Marco steht wegen Körperverletzung und neonazistischer Propaganda unter Bewährungsauflagen, in der Vergangenheit ist er wiederholt mit dem Gesetz in Konflikt geraten.

Im Januar 2000 verurteilt das Landgericht Lüneburg Marco S. und Johannes Kneifel »wegen gemeinschaftlicher Körperverletzung mit Todesfolge« zu einer fünfjährigen Jugendstrafe.

*

Der Todestag von Peter Deutschmann am 10. August wird zum Gedenktag gegen rechtsradikale Gewalt. Jedes Jahr führt das *Netzwerk Südheide gegen Rechtsextremismus* zusammen mit Pastor Manneke an diesem Tag in Eschede eine Gedenkstunde für den Erschlagenen durch. In den ersten Jahren treffen sich die Mitglieder vor dem Haus, in dem Deutschmann angegriffen wurde. Später finden die Treffen in der Ortsmitte statt. Denn hier hat

Peter Deutschmann fast täglich auf einer Parkbank gesessen und dem Treiben im Dorf zugeschaut. Durch seine Dreadlocks und die Bob-Marley-Mütze fiel er auf. Die Bevölkerung hat ihn als einen ausgesprochen freundlichen Mitbürger in Erinnerung. Heute finden die Gedenkveranstaltungen vor der Evangelisch-lutherischen Johanniskirche in Eschede statt. Dort liegt nämlich inzwischen ein Gedenkstein für Peter Deutschmann.

Der Weg dahin war alles andere als einfach: Der Rat der politischen Gemeinde Eschede hat über Jahre hinweg die Forderung des Aktionsbündnisses abgelehnt, einen Gedenkstein aufzustellen. Schließlich kommt es zu einem Kompromiss. Der Steinmetz in Eschede erstellt den Stein kostenlos, und die Kirchengemeinde erlaubt, dass er im Eingangsbereich der Kirche einen Platz findet.

Als der Gedenkstein vor der Kirche aufgestellt wird, ist auch Peter Deutschmanns Tochter Stefanie Deutschmann anwesend. Im Interview sagt sie, dass sie Johannes Kneifel und Marco S. nicht vergeben könne.

Wilfried Manneke erinnert sich: »Peter Deutschmann wurde erst durch die Trennung von seiner Frau obdachlos. Er wohnte zuvor mit Frau und Tochter in Bergen und arbeitete als Discjockey im *Freedome* in Altenhagen bei Celle. Auch unser jetziger Landrat, Klaus Wiswe, war dort während seines Jurastudiums als Discjockey tätig, ebenso wie Wilfried Lilje, heute Schulleiter der Anne-Frank-Schule in Bergen. Während einer Gedenkstunde für Peter Deutschmann hat Lilje uns Musik vorgestellt, die der Getötete gerne gehört hat.«

Die Gemeinde Eschede hatte Peter Deutschmann als Obdachlosen in einem der sogenannten Schlichthäuser am Ortsrand untergebracht. Dort wird er angegriffen. Wilfried Manneke ist damals dicht am Geschehen dran: »Als die beiden Täter am nächsten Tag verhaftet werden, vertrete ich gerade den Pastor in Eschede, der Urlaub macht. Noch am gleichen Tag besuche ich die Eltern von Johannes Kneifel, und wir haben ein gutes Gespräch. Marco S. wohnt bei seiner Großmutter. Sie will nicht, dass ich vorbeikomme. Wer die engsten Angehörigen von Peter Deutschmann sind, habe ich nicht herausbekommen. Sonst wäre ich da auch hingefahren.«

*

Auch heute noch, fast 20 Jahre nach dem Verbrechen, halten die Mitglieder des Aktionsbündnisses *Netzwerk Südheide gegen Rechtsextremismus* Mahnwachen in Eschede ab. Sie wollen, dass die Tat nicht vergessen wird. Denn die braun-rechte Gesinnung, der ungute Geist, der die beiden Jugendlichen damals zur Tat trieb, ist immer noch wach in der Südheide. Wilfried Manneke warnt davor, dass er wieder wirksam wird. Ein Gift, das Jugendliche infiziert und sie durch Hass zu weiteren schlimmen Taten anstachelt. Am 10. August richtet Wilfried Manneke eine bewegende Ansprache an die Menschengruppe, die sich am Gedenkstein vor der Evangelisch-lutherischen Kirche versammelt hat:

»Liebe Freunde und Mitstreiter!

Wir haben uns hier versammelt, um an den gewaltsamen Tod von Peter Deutschmann zu erinnern, der im Jahr 1999 von zwei Jugendlichen erschlagen wurde. Beide gehörten zur rechten Szene. Johannes Kneifel und sein Freund Marco waren damals 17 und 18 Jahre alt. Beide hatten sich schon in der Grundschule kennengelernt. Johannes ging anschließend auf eine Internatsschule im Landkreis Hildesheim. Dort kam er in Kontakt mit Neonazis aus der Region. Marco S. blieb in Eschede und wurde ein Anhänger der rechten Szene.

In den Ferien trafen sich Johannes und Marco regelmäßig. Am Abend, als Peter Deutschmann erschlagen wurde, spielte auch Alkohol eine Rolle.

›Wir wollten Peter Deutschmann nicht töten, sondern ihm nur einen Denkzettel verpassen‹, sagt Johannes Kneifel im Rückblick. Er bedauert es sehr, dass er sich an der Tat gegen Peter Deutschmann beteiligt hat. Später schrieb er über das Geschehen ein Buch mit dem Titel *Vom Saulus zum Paulus, Skinhead, Gewalttäter, Pastor – meine drei Leben.*

Johannes Kneifel hatte sich schon während der Haftzeit in Hameln aus der rechten Szene gelöst. Später trat er häufig auf Veranstaltungen für junge Leute auf, um sie vor den Gefahren des Rechtsradikalismus zu warnen.

Das Leben von Marco S. verlief dagegen ganz anders. Er vertiefte während der Haftzeit in Hameln seine Kontakte zur niedersächsischen Neonazi-Szene. In der

Jugendhaftanstalt lernt er Marcus W. kennen, der zu dieser Zeit wegen Entführung und Misshandlung eines jungen Antifa-Aktivisten einsitzt. Marco und Marcus gründen im Knast die ›Kerkerkameradschaft Hameln‹.

Mithilfe von Marcus W. findet Marco S. nach seiner Haftentlassung auch leicht den Einstieg in die Freien Kameradschaften im Weserbergland. Er macht fortan überall mit, wo der zwei Jahre ältere Marcus aktiv ist. Beispielsweise in der Kameradschaft *Nationale Offensive Schaumburg*, die seit Langem als Vorreiter für die militante Kameradschaftsszene in Niedersachsen gilt und deren Website ein Zitat aus Hitlers *Mein Kampf* vorangestellt ist. Beobachter sagen, Marco S. sei der ›Kampfhund‹ dieser Kameradschaft. Nach seiner Haftentlassung wurden allein in den ersten fünf Jahren – von 2004 bis 2009 – insgesamt 57 Ermittlungsverfahren gegen ihn eingeleitet. Wegen Körperverletzungen, Widerstand gegen Vollstreckungsbeamte und Sachbeschädigungen. Zwei Fälle können das stellvertretend für viele illustrieren.

Fall Nummer eins: Am 18. Juli 2008 überfällt Marco S. gemeinsam mit anderen Neonazis ein alternatives Jugendzentrum in Detmold. Alle Neonazis sind vermummt, nur er nicht. Mit einem leeren Bierkrug in der Hand sagt er zu den Jugendlichen: ›Ich kann euch alle wegklatschen, mir passiert nichts, das wisst ihr ja … Ich habe schon einmal einen liegen lassen …‹

Dann schlägt er voller Wucht mit dem Bierkrug auf einen Jugendlichen ein. Anschließend flüchten alle Neonazis, nur einer nicht: Marco. Er zerstört noch zwei Fensterscheiben und wartet dann in aller Ruhe auf die alarmierte Polizei und lässt sich festnehmen. Scheinbar ist er sich seiner Sache sicher.

Marco S. ist inzwischen verheiratet und Vater von zwei Kindern. Das hält ihn anscheinend aber nicht davon ab, weiterhin so massiv aufzutreten.

Fall Nummer zwei: Die 20-jährige Nicola engagiert sich in einer Antifa-Gruppe in der Nähe von Hannover. Anfang 2009 wird sie in Wunstorf am Bahnhof von 30 Neonazis erkannt und sofort angegriffen. Einer der Angreifer ist Marco S. Die junge Frau liegt schon nach kurzer Zeit bewusstlos am Boden. Marco schlägt dennoch hemmungslos weiter auf sie ein. Erst als Polizeibeamte eintreffen, hört er auf, die bewusstlose Frau zu misshandeln.

Es ist kaum zu fassen, was hier abläuft.

Dieser Gedenkstein, vor dem wir hier stehen, soll an den gewaltsamen Tod von Peter Deutschmann erinnern und auch daran, welche Gefahren vom Rechtsradikalismus und von Rechtsextremisten ausgehen.

Neonazis sind eben nicht die netten Nachbarn von nebenan. Nein! Wer sich ihnen in den Weg stellt oder sie auch nur kritisiert, muss mit heftigem Gegenwind rechnen. Wie die Nazis im Dritten Reich pflegen auch die heutigen extremen Rechten den Aufbau von Schlägertrupps, die sie Kameradschaften nennen. Sie ziehen grölend durch unsere Städte und verprügeln Mitmenschen, die sie als Ausländer betrachten.«

*

Johannes Kneifel lernt Wilfried Manneke erst nach dessen Haftentlassung kennen: »Nach seinem Theologiestudium war Johannes Kneifel kurze Zeit Pastor einer evangelisch-freikirchlichen Gemeinde in der Nähe von Zwickau. Heute lebt er in Süddeutschland. Einmal trat er auf einer Veranstaltung vor 400 Konfirmanden in Hermannsburg auf. Das Thema lautete: ›Gib dem Hass keine Chance – Neonazis enttarnen‹. Johannes ist Teilnehmer einer Podiumsdiskussion – und hält im Abschluss-Gottesdienst sogar die Predigt. Darin beschreibt er auch seinen Weg in die Neonazi-Szene und den schwierigen Ausstieg. Den Jugendlichen erzählt er, die Haft sei für ihn ›ein Glücksfall‹ gewesen. Denn in dieser Zeit sei er Christ geworden. Weil ihn die Anstaltsleitung in einen Trakt mit migrantischen Mithäftlingen verlegte, sei er gezwungen gewesen, sich mit ihnen zum ersten Male in seinem Leben wirklich zu unterhalten. Das sei zum Schlüsselerlebnis für ihn geworden. Er habe sich sogar mit einigen seiner Mitgefangenen angefreundet.«

Johannes Kneifel ist einer, der sich wirklich vom Saulus zum Paulus gewandelt hat.

Später holt Wilfried Manneke ihn wiederholt als Referenten zu Veranstaltungen gegen Rechtsradikalismus in die Südheide.

»Johannes war auch bei uns in Unterlüß, wir haben lange miteinander gesprochen, er hat bei uns übernachtet. Natürlich wurden meine Frau und ich sofort von Gemeindemitgliedern gefragt, ob wir denn keine Angst gehabt hätten, jemanden unter unserem Dach zu beherbergen, der für den Tod eines Menschen verantwortlich ist. Meine Frau antwortete darauf: ›Jeder Mensch ist ein Geschöpf Gottes. Und jeder hat das Recht auf eine zweite Chance – auch ein Mensch, der so schlimm gehandelt hat!‹

Johannes selbst möchte heute vor allem nach vorne schauen. Der Bibelvers aus Hesekiel 36,26 ist für ihn zu einem Schlüssel für ein neues Lebensbild geworden. Dort heißt es: *Gott spricht: Ich schenke euch ein neues Herz und lege einen neuen Geist in euch.*«

*

Der zweite Täter, Marco S., nahm auch des Öfteren an Neonazi-Treffen auf dem Hof des NPD-Aktivisten Joachim Nahtz in Eschede teil. Wilfried Manneke erinnert sich: »Vor einigen Jahren habe ich die Großmutter von Marco S. in Eschede beerdigt. Seine Verwandtschaft wollte nichts mehr mit ihm zu tun haben und wollte auch nicht, dass Marco an der Trauerfeier teilnimmt. Da Marco bei seiner Großmutter aufgewachsen war und sie sehr mochte, hat ihn das ziemlich getroffen. Auch sein Einwand, dass er an einem Neonazi-Aussteiger-Programm teilnehmen würde, half nicht. Vor dem Friedhof standen zwei Polizisten in Zivil, damit der ungebetene Gast nicht plötzlich doch auftauchte. Er musste draußen bleiben, fuhr mit seinem Auto auf der Straße am Friedhof rauf und runter, während die Familie von der Großmutter Abschied nahm.

Erst als die Trauergemeinde sich aufgelöst hatte, so wird es berichtet, ging er allein doch noch zum Grab, um von seiner Großmutter, die ihm viel bedeutet hat, Abschied zu nehmen.

Es scheint allerdings zu stimmen, was Marco behauptete: Nämlich dass er aus der rechten Szene raus ist. Nach der Beerdigung seiner Großmutter ist er jedenfalls nie wieder bei Neonazi-Aufmärschen gesehen worden.«

*

Marco S. ist beileibe nicht der einzige auffällige Neonazi in der Gegend. Die Südheide scheint eine magische Kraft auf Vertreter von rechten Organisationen auszuüben. Zwei der wichtigsten dieser Organisationen sind die *Division 88* und die *Freien Kräfte Celle*.

Die Wehrsportgruppe *Division 88* wurde 2009 von der Polizei in Winsen an der Aller ausgehoben und verboten. Dabei wurden auch einige Waffen beschlagnahmt. Selbsterklärtes Ziel der Gruppe, die sich nach einer im Zweiten Weltkrieg an der russischen Front aufgeriebenen Wehrmachts-Division benannte, war die geplante Bekämpfung »muslimischer Terroristen« mit Waffengewalt.

Am 11. März 2009 werden im Rahmen mehrerer Ermittlungsverfahren der Staatsanwaltschaft Lüneburg und aufgrund von Beschlüssen, die das Amtsgericht erlassen hat, die Wohnungen von insgesamt sieben Neonazis in Winsen an der Aller sowie der persönliche Besitz eines Beschuldigten in einer Bundeswehrkaserne durchsucht.

Der Grund für das Ermittlungsverfahren ist der Verdacht zur Bildung bewaffneter Gruppen. Außerdem werden den Kameraden Vergehen bzw. Verbrechen nach dem Waffen- und Kriegswaffenkontrollgesetz und das Verwenden von Kennzeichen verfassungswidriger Organisationen vorgeworfen.

Aufgrund der Auswertung von Unterlagen und Datenträgern, die bei einer bereits im Dezember 2008 durchgeführten Durchsuchung der Wohnung eines 27-jährigen Beschuldigten gefunden worden waren, hatten sich weitere Verdachtsmomente ergeben. Die Staatsanwaltschaft nimmt an, dass die beiden Ziffern im Namen der rechtsradikalen Gruppe *Division 88* für »Heil Hitler« stehen. Die Zahl 88 wird unter Neonazis als getarnter Hitlergruß verwendet. Der achte Buchstabe des Alphabets ist das H; die 88 steht somit für HH, eine Abkürzung von »Heil Hitler«. Das Emblem der Gruppierung, ein SS-Totenkopf mit Schlange, stellt ein verbotenes Kennzeichen im Sinne des § 86a StGB dar.

Bei der Durchsuchungsaktion sind mehr als 50 Polizeibeamte und andere Kräfte aus Celle beteiligt. Die Polizei beschlagnahmt zahlreiche Softair-Waffen, ein Luftgewehr, Schreckschusspistolen sowie Deko-Waffen. Ihr Besitz ist zwar erlaubt; diese Waffen dürften jedoch nach ersten Ermittlungen widerrechtlich mit Schwarzpulver bestückt und – wie es die Pressemitteilung der Staatsanwaltschaft umständlich ausdrückt – »beschossen worden sein; möglicherweise nach Durchführung von Umbauarbeiten«. Auf gut Deutsch heißt das: Die Waffen wurden scharf gemacht, sodass sie nicht nur Schreckschuss-Munition aus ihrem Lauf entlassen.

Im Spind des Bundeswehr-Soldaten wird überdies Leuchtspurmunition gefunden, die aus dem bereits bei einer ersten Durchsuchung im Dezember 2008 sichergestellten Sturmgewehr G3 verschossen werden kann.

Die Beschuldigten werden erkennungsdienstlich behandelt und vernommen. Der Polizeibericht endet mit dem Satz: »Festnahmen sind nicht erfolgt.«

*

Eine bis heute aktive Neonazi-Gruppe sind die *Freien Kräfte Celle*. Bis vor einigen Jahren nannte sie sich noch *Kameradschaft 73 Celle*, in Anlehnung an eine frühere SS-Standarte. Einen direkten Bezug zur Waffen-SS der Nazis herzustellen, schafft natürlich nicht nur Freunde. Das hat die Gruppe auch erkannt und sich deshalb in *Freie Kräfte Celle* umbenannt. Ihre politische Ausrichtung hat sich dadurch natürlich nicht geändert: Fremdenfeindlichkeit, Antisemitismus, Rassismus, Antipluralismus – das sind weiterhin ihre Kennzeichen. Sie beteiligten sich regelmäßig an Neonazi-Aufmärschen, wie z. B. jedes Jahr am ersten Samstag im August in Bad Nenndorf.

Rechtsradikale veranstalteten von 2006 bis 2015 jedes Jahr einen »Trauermarsch« zum Bad Nenndorfer Wincklerbad. Dort befanden sich von 1945 bis 1947 ein britisches Verhörzentrum und ein Militärgefängnis für Nationalsozialisten, die die Alliierten gefangen genommen hatten. Neonazis behaupten, dass dort auch schwer gefoltert und Gefangene übelst behandelt wurden. Jahrelang hatten ihre Protestmärsche großen Zulauf, im Jahr 2010 kamen beispielsweise mehr als 900 Neonazis nach Bad Nenndorf. 2015 waren es nur noch rund 180

Rechte. Nachdem die Aufmärsche von den Veranstaltern in den Jahren 2016 und 2017 jeweils kurzfristig ohne Angabe von Gründen abgesagt worden waren, wurde die Veranstaltung inzwischen von den Behörden untersagt. Angemeldet hatten die Neonazis ihre Märsche bis zum Jahr 2030.

Die *Freien Kräfte Celle* haben auch schon selber Aufmärsche in der Region organisiert. Und sie sind bei den immer wieder stattfindenden Neonazi-Treffen auf dem Hof des NPD-Aktivisten Joachim Nahtz in Eschede beteiligt.

In Celle treten die *Freien Kräfte* immer wieder mit Infoständen in Erscheinung. So protestieren sie zum Beispiel jedes Jahr im Februar gegen die Luftangriffe auf Dresden im Zweiten Weltkrieg.

Ein sogenanntes Heldengedenken für gefallene SS-Soldaten fand wiederholt am Volkstrauertag auf dem Soldatenfriedhof in Essel statt, meist nach Einbruch der Dunkelheit. Ein starkes Polizeiaufgebot hielt Neonazis und Gegendemonstranten auseinander.

*

Die Celler Neonazis behaupten, dass bei den Angriffen der Alliierten in Dresden vom 13. bis 15. Februar 1945 eine Viertelmillion Menschen starben. Historiker haben hingegen zweifelsfrei ermittelt, dass ungefähr 25 000 Menschen bei diesen Flächenbombardements den Tod fanden. Ein Zehntel der behaupteten Schreckenszahl. Keine Frage: Auch 25 000 Tote sind schlimm, und hinter den nüchternen Ziffern verbirgt sich ein riesiges Leid. Aber die maßlose Übertreibung ist ein Beispiel von vielen, wie Rechte die Fakten verfälschen, um sie für ihre Meinungsmache zu missbrauchen. Wilfried Manneke nimmt Stellung dazu: »Ich will die verheerenden Ereignisse in Dresden überhaupt nicht verharmlosen. Jeder Tote ist einer zu viel. Dass aber gerade Neonazis hier den Finger in eine vermeintliche Wunde legen, ist ein Hohn. Wie kann eine Bewegung, die NS-Verbrechen aufs Schlimmste verharmlost, hier als Anwalt der Opfer auftreten?

Ich bin davon überzeugt, dass die Neonazis mit ihren Infoständen in Celle nichts anderes wollen, als die Verbrechen der NS-Diktatur zu relativieren. Das ist ihr eigentliches Ziel. Sie prangern mit ihren ›Gedenkmärschen‹, bzw. Infoständen die ›Alliierten‹ an und drehen die historischen Verantwortlichkeiten um. Mit ihren Aktionen versuchen die Neonazis eine deutsche ›Opfertradition‹ zu etablieren, um von den eigentlich Schuldigen abzulenken.«

*

Im September 2012 gründen Neonazis das rechtsradikale *Aktionsbündnis 38*. Die Zahl 38 bezieht sich auf alle Städte und Ortschaften, deren Postleitzahl mit 38 beginnt. Die Kameradschaft konzentriert sich auf die Region Braunschweig, Wolfsburg, Gifhorn und Umgebung.

Nachdem die Neonazi-Gruppierung *Besseres Hannover* im gleichen Jahr verboten wird, schließen sich einige Rechtsradikale aus deren Reihen ebenfalls dem *Aktionsbündnis 38* an. Andere tun es ihnen gleich und verbünden sich mit der Neonazi-Kameradschaft im Schaumburger Land.

Alle diese rechtsradikalen Gruppierungen sind gut miteinander vernetzt. Viele Aktionen führen sie gemeinsam durch. Sie nehmen auch an fast allen Aufmärschen in Niedersachsen teil.

Schaut man genauer hin, dann wird es klar: Die Liste derer ist lang, die sich der extrem rechten Geisteshaltung anschließen: Sie nennen sich zum Beispiel *Freie Kräfte Munster* oder niedlich verharmlosend *Snevern Jungs*, eine Neonazi-Kameradschaft für Männer in Schneverdingen, oder ganz apart, *Düütsche Deerns*, eine Neonazi-Truppe für Frauen mit Sitz ebenfalls in Schneverdingen. Was harmlos klingt, treibt teils brutale Blüten: Uwe Mundlos ist 1996 ebenfalls in Schneverdingen gewesen – bevor er in den Untergrund abtauchte und gemeinsam mit Uwe Böhnhardt zehn Menschen regelrecht hinrichtete: acht türkischstämmige und einen Griechen. Das zehnte Opfer war die Polizistin Michèle Kiesewetter aus Heilbronn.

Kapitel 6

»Düütsche Deerns«

weiblich. selbstbewusst. rechts

Von »Neonazissen« spricht die Zeitschrift *EMMA*, wenn es um die jungen rechtsradikalen Frauen geht, die der Bewegung zunehmend einen weiblichen Anstrich verpassen – Frauen, deren Weltbild aus vielen Perspektiven ebenso verquer wie altbacken erscheint.

Als 2006 die NPD in Mecklenburg-Vorpommern mit über sieben Prozent erstmalig in den Landtag einzog, trat deren Funktionär und Landesvorsitzender Udo Michael Wilhelm Pastörs am Wahlabend ans Mikrofon und bedankte sich bei seinen Unterstützern – und er vergaß die Frauen nicht. Einer ihrer bedeutendsten Beiträge zum Wahlsieg sei das »Wäschewaschen für die Kameraden« gewesen. Es seien diese »stillen, treuen, schaffenden Frauen«, schmetterte er, »… die der NPD so guttäten«.

Doch so still sind sie gar nicht mehr: Da posieren die Mitglieder der *Düütschen Deerns* einerseits vor Sonnwendfeuern und Kriegergräbern – in knöchellangen blauen Röcken. Und andererseits wiederum vor Flakkanonen und Weltkrieg-II-Waffen. Auf anderen Bildern zeigen sie ihre Hinterköpfe, auf denen die Haare zu rustikal anmutenden Zöpfen zusammengeflochten sind – das Ganze unter dem Beauty-Magazin-Titel: »Wir haben die Haare schön!«

Auf Facebook-Seiten – die ja nun sowieso allerlei Blödsinn ungefiltert zulassen – fordern sie »Freiheit für Horst Mahler«. Und sie schreiben auf ihre schwarzen T-Shirts unverfroren: »Ich bin Horst Mahler«.

Seit Ende der 90er-Jahre bewegt sich Horst Mahler in rechtsradikalen Kreisen. Zeitweise war er NPD-Mitglied und vertrat die Partei auch vor Gericht, als es um deren Verbot ging. Im Jahr 2003 veröffentlichte Mahler die Verkündigung der Reichsbürgerbewegung. Wegen der Leugnung des Holocaust, Mord- und Gewaltandrohungen, antisemitischer Äußerungen und anderer »verfassungswidriger Handlungen« wurde er mehrfach verurteilt.

*

Drei Jahre lang hat das »Zentrum für Demokratische Bildung« in Wolfsburg auf Initiative des Niedersächsischen Ministeriums für Soziales, Gesundheit und Gleichstellung ein Projekt »Frauen im Rechtsextremismus« durchgeführt. In seinem Abschlussbericht mit dem Titel »weiblich. selbstbewusst. rechts« stellt es einige wichtige Tendenzen unter der nachwachsenden Generation der Neonazis fest.

Seit den 90er-Jahren organisieren sich Neonazis in scheinbar führerlosen, lockeren sogenannten Freien

Kameradschaften. Sie besetzen aktuelle Themen wie Anti-Globalisierung, Anti-Kapitalismus, Arbeits- und Umweltpolitik. Seit etwa 2004 rücken viele Anführer der »Freien Kräfte« in die NPD-Vorstände auf. Doch das ist eine Haltung, die insbesondere viele junge militante Neonazis, die unter dem Schlagwort »Autonome Nationalisten« auftreten, ablehnen, weil sie solche Zusammenschlüsse als Unterwerfung unter eine Parteiräson betrachten.

Diese stark radikalisierten Gruppen wollen »nationale Partisanen« sein und sich nicht von einer als bürgerlich verspotteten Altherren-Partei einbinden oder gar instrumentalisieren lassen. Radau-Aktionen finden diese Nachwuchs-Nazis offensichtlich anregender als parteitaktische Diskussionen im politischen Rahmen, wie der Untersuchungsbericht zeigt.

*

Aufhorchen lässt, dass sich zunehmend junge Mädchen und Frauen in dieser Szene engagieren. So machten sie zum Beispiel bei der 2012 verbotenen Kameradschaft *Besseres Hannover* mit, die sich, wie der Bericht feststellt, mit dem *Abschiebär* und der ausländerfeindlichen Schülerzeitung *Bock* als »Sprachrohr der Gegenkultur« versuchte. In der in Hamburg und Hannover vernetzten, martialisch auftretenden Gruppe *Weiße Wölfe Terrorcrew (WWT)*, die 2016 verboten wurde, waren auch einige Frauen aus der Nordheide aktiv dabei.

Wie absonderlich die Ideologie in diesem Teil des rechtsradikalen Spektrums sein kann, erfährt Manneke, als er wiederholt vor dem Hof des NPD-Aktivisten Joachim Nahtz in Eschede auf die selbst ernannten *Düütschen Deerns* aus Schneverdingen trifft. Die *Düütschen Deerns* kümmern sich auf den dort veranstalteten, sogenannten Brauchtumsfeiern eben nicht nur um das Essen, sondern sind aktiv dabei. Ihre Parole: »Deutsche Frauen, deutsche Sitte, walten stets in dieser Mitte!«.

Der pseudo-volkstümliche Name ist in plattdeutscher Sprache formuliert und bedeutet sinngemäß so viel wie »Deutsche Mädchen vom Lande«. Dies soll wohl vor allem eines suggerieren: Bodenständigkeit. Die seit einigen Jahren aktiven *Düütschen Deerns* gelten als Pendant zur Männer-Kameradschaft *Snevern Jungs* aus Schneverdingen. Die Mitgründerin der Frauengruppe, Jessika Behrens, ist mit dem Anführer der *Snevern Jungs*, der auch stellvertretender NPD-Landesvorsitzender ist, verheiratet. Die national entflammte Dame ist in der Nähe von Faßberg aufgewachsen.

Gemeinsam versuchen radikale Männer und Frauen die Bewegung in der Region zu verankern. Im Mittelpunkt ihrer Bemühungen steht eine Art Saubermann-Image. Die Diplom-Sozialpädagogin Jessika Behrens und ihre *Deerns* verfechten zudem »deutsche Tugenden«, leben in ihren Reihen das, was sie »Kameradschaft« nennen, und kämpfen gemeinsam für eine Sache.

»Jessika Behrens fällt im Alltag wenig auf. Sie gehört der Mittelschicht an, kleidet sich unauffällig. Dies ändert sich jedoch an manchem Wochenende, wenn sie in altmodische weiße Leinentracht schlüpft. Dann trifft sie sich mit Neonazisinnen und Neonazis aus der bundesweiten Kameradschaftsszene und feiert erlebnisorientierte nordische Volkstreffen, die wie mittelalterliche Spektakel erscheinen.[5] Die politisch aktive Frau war Landesgeschäftsführerin der NPD in Niedersachsen, Mitglied im Vorstand des NPD-Unterbezirks Lüneburg und NPD-Abgeordnete im Stadtrat Schneverdingen. Sie ist außerdem Mitbegründerin und Führungsaktivistin der neonazistischen Frauengruppe. Es geht ihr laut dieser Analyse darum, die Verankerung der rechtsradikalen Szene in den kommunalen Gremien weiter voranzutreiben.

Seit Jahren sind sowohl die männliche als auch die weibliche Kameradschaft in Schneverdingen sehr aktiv, treten provokant und selbstbewusst auf und genießen eine hohe Reputation in der landesweiten rechtsradikalen Szene. In der Lüneburger Heide nehmen sie an Skatturnieren und Volksfesten teil und beteiligen sich öffentlichkeitswirksam an Blutspendeterminen. Im niedersächsischen Eschede feiern die *Düütschen Deerns* zusammen mit anderen Kameradschaften die Wintersonnenwenden als völkisches Brauchtumsfest. Diese rituellen Feierlichkeiten sollen das Zusammengehörigkeitsgefühl der Szene stärken und der Sinnstiftung dienen.«

Der Untersuchungsbericht »weiblich. selbstbewusst. rechts« kommt zu einem beunruhigenden Schluss: Je aktiver ideologisch gefestigte junge Frauen innerhalb der Szene seien, desto stärker seien auch ihre Kinder betroffen. Diese würden frühzeitig mit nationalistischem

Gedankengut, dem Aufruf zum Kampf »wider den Zeitgeist« und soldatischer Pädagogik konfrontiert.

Kuriositäten am Rande: Auch Neonazi-Onlineshops wie *Der Versand* aus dem Landkreis Göttingen haben den Nachwuchs als Zielgruppe entdeckt. Erhältlich: Panzer-Spardose für 17,90 Euro in Flecktarn, der schwarze Baby-Strampler mit der Aufschrift »Wart nur, bis ich groß bin« oder das original UZI-Messer-Geschenkeset. Kinder aus rechten »Kaderfamilien« wachsen als »Kameraden« mit der Begrüßung »Heil Dir« auf, rezitieren aus Adolf Hitlers *Mein Kampf*, kennen Gedichte von SS-Dichtern wie Kurt Eggers und singen Lieder wie »Ein junges Volk steht auf« aus dem Repertoire der »Hitlerjugend«.

Hakenkreuze sind für sie nur »Runen«, die sie mit Erlaubnis der Eltern malen dürfen. Freundschaften zu Kindern von Migranten oder Behinderten sind oft nicht erwünscht, auch nicht das Benutzen von Anglizismen. Das Internet wird zum »Weltnetz«, T-Shirts zu »T-Hemden«. Den Kameradenkreis sollen sie als homogene Schutzgemeinschaft verstehen, als Bollwerk gegen Einflüsse der von ihnen verhassten multikulturellen Gesellschaft. Grundrechte wie Gleichheit und Gleichberechtigung lehnen diese Familien ab, es gelten stattdessen beispielsweise Normen und Werte wie Anpassung und Disziplin. Die individuelle Entwicklung eines Kindes ist für viele von ihnen sekundär – Kinder sind Teil der selbst ernannten »Kampfgemeinschaft« zum Erhalt des deutschen Volkes.

Der Nachwuchs wird so zum politischen Instrument fanatischer Mütter und Väter.

Im Osten Deutschlands entstehen an einigen Orten kleine »völkische Siedlungen«, die sich als Bollwerke der Gemeinschaften verstehen.

»Meine Kinder lebten in zwei Welten«, warnte eine Aussteigerin bereits 2006. »In der Schule hatten sie Schweigen zu bewahren. Über ihr Doppelleben am Wochenende und in den Ferien durfte nichts nach außen dringen.« Die ehemalige niedersächsische Kameradschaftsaktivistin weiß: »Sinn und Zweck ist, von klein auf den Kindern das völkisch-nationale Gedankengut mitzugeben.« Tatsächlich spielt sich auch die NPD immer mehr als »echte Familienpartei« auf, die das »große Ganze« im Visier hat. Mit Slogans wie »Kinder, Zukunft, NPD« geht sie auf Wählerfang. In der NPD-Zeitung *Deutsche Stimme* werden Mädchen und Frauen zudem aufgefordert, in soziale und pädagogische Berufe zu gehen. Erziehung wird als »nationale Lebensaufgabe« verstanden. 2010 wurde bekannt, dass eine sechsfache Mutter, deren Ehemann NPD-Führungsmitglied ist und deren Kinder zur verbotenen *Heimattreuen Deutschen Jugend (HDJ)* geschickt wurden, als Erzieherin in einer städtischen Kindertagesstätte in Niedersachsen arbeitet. In ihrer Jugendzeit war die Frau Mitglied der Wiking-Jugend in der Lüneburger Heide. Nach einem Bericht in der *taz* gab es fast drei Jahre lang Auseinandersetzungen, bis die Stadt das Arbeitsverhältnis mit der Erzieherin beenden konnte. Auch besetzen immer mehr Neonazis in den Elternvertretungen von Hort-Einrichtungen oder Schulen Positionen, mischen sich in Lehrinhalte ein und suchen gezielt die Kontroverse mit den Pädagogen. Oft zum Leidwesen ihrer Kinder.

Die abstruse Forderung von AfD-Funktionären, Kinder sollten ihre Lehrer, die bestimmte Aussagen treffen, melden, dient der Einschüchterung und zur Eindämmung kritischer Auseinandersetzungen.

*

Plötzlich ist das Gesicht des Neonazi-Terrors weiblich. Beate Zschäpes Foto prangt seit den Enthüllungen über die Verbrechen des *Nationalsozialistischen Untergrunds (NSU)* in allen Medien. Die einzige Überlebende der Kerntruppe der neonazistischen *Zwickauer Zelle* musste sich seit 2013 als Mittäterin an zehn Morden, 17 Raubüberfällen und zwei Bombenanschlägen mit zahlreichen Verletzten vor Gericht verantworten. Der Prozess könnte eine Zäsur bedeuten, denn ursprünglich gelten extrem rechte Mädchen und Frauen in der Öffentlichkeit eher als politisch verführte Mitläuferinnen. Auch Beate Zschäpe, die sich als junge Frau über die Kameradschaftsszene in Thüringen radikalisierte und 1998 nach einer Sprengstoff-Razzia für 13 Jahre abtauchte, wurde in den Medien als »heißer Feger« oder »Nazi-Braut« verharmlost. Zschäpe aber spielte in dem neonazistischen Terror-Netzwerk eine aktive Rolle. Sie verwaltete das erbeutete Geld, nutzte bis zu neun verschiedene Identitäten, diverse Pässe und Dokumente, betreute das Helfer- und Unterstützernetzwerk und verschickte nach dem Tod von Uwe Böhnhardt und Uwe Mundlos im November 2011 die grausamen Bekennervideos. Vor allem war es ihr Verdienst, dass die kleinbürgerliche Tarnung des NSU nicht auffiel. Sie versorgte die als Verstecke dienenden Wohnungen, freundete sich mit Nachbarn an, kümmerte sich um die Logistik und pflegte Kontakte in Urlauben an der Ostsee. Mit der Enttarnung des NSU wächst auch die Aufmerksamkeit gegenüber weiblichen Neonazis. Sie sollen mit einem Anteil von rund zehn Prozent an den bundesweiten rechten Straftaten beteiligt sein.

*

Bundesweit gibt es durchschnittlich jeden Tag drei Gewalttaten von Rechten. Fast jeden dritten Tag wird in Niedersachsen jemand angegriffen und verletzt. Rechte Gewalt hat massiv zugenommen und 2016 mit 1600 Fällen ihren traurigen Höhepunkt erreicht. Die Schläger sind meist männlich, aber junge Frauen sind immer häufiger dabei. In einzelnen Fällen beteiligen sie sich auch an Brandstiftungen oder Überfällen. Im Jahr 2017 gab es rund 1.100 Gewalttaten rechter Täter. Die Dunkelziffer dürfte hoch sein. Die meisten Vorfälle sind Körperverletzungen. In der Region Hannover und Lüneburg kam es es durch Neonazis zu Messerangriffen auf politische Gegner, überwiegend junge Antifaschisten. In Braunschweig haben Nazis Schüler angriffen. Innenminister Boris Pistorius gab auf eine Anfrage mehrerer Landtagsabgeordneten der Franktion *BÜNDNIS90/DIE GRÜNEN* bekannt, dass alleine im 2. Quartal 2016 in Niedersachsen 394 rechts-motivierte, sogenannte Hassverbrechen, begangen wurden.

Kapitel 7

»Fahr zu deinem Herrn, dem jüdischen Eselficker Jesus!«

Nazi-Hetze im Netz

Die Hetze gegen Menschen, die sich gegen Neonazis und ihre Menschenverachtung wehren, ist im realen Leben schlimm genug. Pöbeleien, Drohbriefe, nächtliche Aufmärsche vor den Häusern der Engagierten gehören längst zum gängigen Repertoire vieler. Zusätzlich bedienen sich die selbst ernannten Erben Hitlers der konkreten Gewalt und ihrer Androhung: Da wird gerempelt und geprügelt, da wird die Drohung gegen Leib und Leben zum Alltag – ja, da wird noch nicht mal zurückgeschreckt, wenn Menschen durch eine Tat verbrennen könnten.

Doch alle diese Exzesse von verbaler und tatsächlicher Gewalt reichen den neuen Braunen offensichtlich immer noch nicht aus. Denn hinzu kommt seit der Jahrtausendwende die Hetze in der virtuellen Welt. Wer immer sich mit den alten und neuen Nazis anlegt, bekommt sofort ihre – scheinbare – mediale Macht zu spüren. Und das vor allem in den sogenannten sozialen Netzwerken.

Dass diese alles andere sind, nur nicht sozial, erlebt jeder User des Internets, der sich zum Beispiel gegen die fremdenfeindliche Hetze in der digitalen Welt stellt.

Auch Wilfried Manneke muss das erleben, als Unbekannte unter seinem Namen Twitterkonten mit rechtsradikalem Inhalt einrichten und versuchen, ihn auf diese Weise zu diskreditieren.

Doch dies ist nur eine Seite der technischen Auseinandersetzung mit dem sogenannten Ideologischen Gegner. Es gibt weitere. Um zu verstehen, auf welchem Niveau sich hier Hass, Beschimpfung und Drohungen abspielen, muss man einen Blick in die Gedankenwelt der rechten Nutzer werfen – auch wenn es manchmal schwer erträglich ist. Auf einer Internet-Plattform namens *Altermedia* wird gehetzt und verleumdet, was das Zeug hält. Kostproben:

»Der Christ, diese ultima ratio der Lüge, ist der Jude noch einmal – drei Mal selbst. Als Löwenfutter sollte man Christen wirklich nicht nehmen. Die armen Löwen haben von diesem fauligen, ekeligen Gammelfleisch/Christen sicher Magenkrebs bekommen.«

*

»Kein Wunder, dass Sie, Hirte im Teufelsgewand der Gesinnungsjustiz, die Schäflein fliehen. Auf der Schleimspur, die Sie legen, schlittert Ihre Kirche in die absolute Bedeutungslosigkeit.«

»Fahr zu deinem Herrn, dem jüdischen Eselficker Jesus!«

*

»In einer neuen Zeit werden diese Lumpen nicht mehr lachen … Da fallen mir die Worte von H. G. (Hermann Göring, Anm. d. Aut.) ein – Zitat: ›Wir haben keine Gerechtigkeit zu üben – wir haben nur zu vernichten!‹ – Zitat Ende. Und der Tag kommt …«

*

»Da staut sich so viel auf, dass diejenigen, die heute noch die Fresse halten, sich irgendwann wieder einmal am Feiertag der Glaserinnung beteiligen werden. Und an Schlimmerem!«

*

»Wer heutzutage das Wort ›Juden‹ in den Mund nimmt, assoziiert damit fast unweigerlich Verfolgung und Holocaust. Oder Betrüger, Diebe, Erpresser, Lügner, Schieber, Verräter, Kinderficker, Kokser …«

*

»Was läuft schief, dass 2012 ein Jude in Berlin zusammengeschlagen wird? Was schiefgelaufen ist? Hallo???? Der Jude lebt noch! Das ist schiefgelaufen!«

*

»Was läuft schief, dass 2012 ein Jude in Berlin zusammengeschlagen wird? Ich würde sagen, einiges … weil es bloß einer war. Für 'nen Holocaust zu wenig. Das bringt keine Kohle. 6 000 000 Zusammengeschlagene wären besser … dann nämlich, wenn es so weit ist, betet ihr darum, die Kugel zu bekommen, weil der schnelle Tod durch die Kugel dann ein Luxus sein wird, den sich nur wenige von euch leisten können.«

*

»Wir hätten das Pfaffenpack vor 1500 Jahren auch ausnahmslos totschlagen sollen. Diese Anklageschrift beruht auf der Strafanzeige der hässlichen Pfäffin S. Sie sollte sich bei Gelegenheit einmal Luthers *Von den Juden und ihren Lügen* zu Gemüte führen. In dem Traktat fordert Luther die Deutschen auf, die Synagogen der Juden niederzubrennen.«

*

»Der Pfaffe K. sieht übrigens so aus … Ich habe ihn mal mit auf die Liste derer gesetzt, die Angst haben müssen vor dem bevorstehendem Untergang des illegalen Mord- und Terror-Staats BRD GmbH.«

*

»Sie (gemeint sind die Pastoren und die Glieder der Kirche) machen die Menschen psychisch krank – um ihnen dann hier ihre Hilfe anbieten zu können.« (Jürgen Rieger)

Die Liste dieser unterirdischen Pöbeleien ließe sich beliebig verlängern. Genug damit. Wilfried Manneke hat das Problem, dass er dieser braunen Gülle immer wieder ausgesetzt ist.

Einer der Hauptverbreitungswege solcher Schmähungen war die bereits erwähnte Internet-Plattform *Altermedia*. Seit ihrer Gründung hatte sie sich zunehmend als digitales Sammelbecken der internationalen Neonazis, vor allem aber der deutschen Rechten etabliert. Die kolportierte Reichweite dieses Kanals war erschreckend: Fünf Millionen Zugriffe soll die Seite pro Jahr verzeichnet haben.

Der Ursprung der Internet-Plattform liegt in Frankreich. Zum Netzwerk gehören weitere internationale Webauftritte – mit eindeutiger politischer Ausrichtung der jeweiligen Betreiber. Allein deren politische Rolle macht klar, dass *Altermedia* der Tummelplatz der äußersten Rechten, Rassisten und Hassprediger wurde. So wird zum Beispiel, wie Wikipedia zu berichten weiß, die Hauptseite in den Vereinigten Staaten vom Holocaustleugner und ehemals führenden Ku-Klux-Klan-Mitglied David Duke betrieben.

In Deutschland geht die Webseite Anfang 2003 ins Netz. Die Nutzer finden dort etliches Bekanntes wieder – viele der Inhalte beziehen sich auf das sechs Jahre zuvor entstandene rechtsradikale *stoertebeker.net.* Sich selbst definiert das Portal hierzulande nach eigenen Angaben als einen Kanal, der sich an unterschiedliche Interessengruppen wenden will. Seine überhebliche Selbstdefinition erweist sich in der Positionierung, sich als »Alternativpresse für alle, die keine Lobby haben«, zu etablieren. Man will sich quasi als eine Art sozialer Bewegung verkaufen. Interessant ist dazu ein Blick über die Ideologien hinweg: Optisch orientiert sich *Altermedia* am Portal *Indymedia,* das von einer eher linksorientierten Bewegung von Globalisierungskritikern und gewaltbereiten Autonomen genutzt wird.

Die Inhalte der Plattform wurden entweder übernommen oder von eigenen Autoren bereitgestellt. Gemeinsam ist allen die durchgehende rechtsradikale Sichtweise auf jede Form von Information. Damit soll offenbar das Ziel erreicht werden, eine in sich geschlossene Gegenöffentlichkeit aus dem Blickwinkel rechtsradikalistischer Politik zu erzeugen. In Nachrichten und Kommentaren findet sich die ganze Palette antisemitischer, rassistischer und ausgrenzender Ideologien – inklusive der Leugnung des Holocaust. So sahen es auch die staatlichen Organe, die *Altermedia* beobachteten. In einer Erklärung der Landesregierung von Mecklenburg-Vorpommern heißt es zum Beispiel, dass regelmäßig »in den Artikeln und Kommentaren eine radikal antisemitische und neonationalsozialistische Einstellung des oder der Verantwortlichen sowie der Kommentatoren deutlich« werde.

Das zeigt sich auch an den Hintermännern. So wird im März 2011 Axel Möller als redaktionell Verantwortlicher der Seite zu einer Geldstrafe von 3000 Euro verurteilt, eine Berufung gegen dieses Urteil zieht er zurück. Im Oktober 2011 werden Möller und ein weiterer »Schriftleiter« der Plattform, Robert Rupprecht, zu

Haftstrafen von 30 und 27 Monaten verurteilt. Zu den Anklagepunkten zählten unter anderem Volksverhetzung, das Verwenden von Kennzeichen verfassungswidriger Organisationen und Aufrufe zu Straftaten. Als Möller in den Knast wandert, wird die Website weiter betrieben – verliert jedoch an Bedeutung. Möllers Haftstrafe wird im März 2013 wegen weiterer volksverhetzender Straftaten um ein Jahr verlängert. Er sitzt die Strafe bis zum Mai 2015 vollständig ab. Im selben Jahr ist in den USA der Vorsitzende des US-amerikanischen *National Socialist Movement* verantwortlich für die Domain *altermedia-deutschland.info*. Sie wird zu dieser Zeit in Russland gehostet.

Im Januar 2016 führt das Bundeskriminalamt im Zuge von Ermittlungen der Bundesanwaltschaft in Karlsruhe wegen Bildung einer kriminellen Vereinigung Hausdurchsuchungen bei mehreren Personen aus der Führungsebene von *Altermedia-Deutschland* durch. Zwei Administratoren der Website werden festgenommen. Deutsche Ermittler bitten zudem russische Behörden, den Server des Portals in Russland abzuschalten. Bundesinnenminister Thomas de Maizière verbietet schließlich nach § 3 des Vereinsgesetzes den Betreiberverein. Er erklärt, das Portal fördere und ermögliche »die Verbreitung übelster rassistischer und fremdenfeindlicher Kommentare und Beiträge, in denen Straftaten gegen Ausländer verteidigt, zu Straftaten aufgefordert und Taten des Nationalsozialismus gerechtfertigt werden«. Dies sei nicht mit der freiheitlich-demokratischen Grundordnung vereinbar. Vom Verbot erfasst werden auch E-Mail-Dienste, die vom Dortmunder Neonazi Dennis G. bezogen wurden.

Einer der 2016 verhafteten Administratoren tritt bei den Kommunalwahlen 2014 als Kandidat der *Deutschen Liga für Volk und Heimat* für den Kreistag des Schwarzwald-Baar-Kreises an. Wenige Tage vor seiner Verhaftung nimmt er als Ordner an einer Demonstration gegen Flüchtlingsheime teil.

Der Generalbundesanwalt beim Bundesgerichtshof erhebt im Dezember 2016 vor dem Staatsschutzsenat des Oberlandesgerichts Stuttgart Anklage gegen fünf Personen wegen des Verdachts der Bildung einer rechtsextremistischen kriminellen Vereinigung.

*

Das Verbot gegen die Hetz-Plattform geht nicht zuletzt auf die Intervention von Pastor Wilfried Manneke zurück. Als die Angriffe und Drohungen ihm gegenüber massiv zunehmen, stellt die Landeskirche Hannover ihm einen Anwalt zur Seite. Rechtsanwalt Helmut Trentmann ist Spezialist: Er hat als Leitender Oberstaatsanwalt in Verden die Abteilung Internet-Kriminalität aufgebaut. Nach seiner Pensionierung hat er sich als Anwalt in Hannover niedergelassen.

Rechtsanwalt Trentmann sorgt sofort dafür, dass zwei Twitter-Konten mit rechtsradikalem Inhalt, die offensichtlich von Neonazis unter Mannekes Namen eingerichtet worden waren, gelöscht werden. Und auch sonst bleibt Rechtsanwalt Trentmann an der Sache dran: Nach dem Brandanschlag auf das Pfarrhaus in Unterlüß nimmt er Akteneinsicht bei den Behörden, ebenso in weiteren Fällen.

Pastor Manneke hat unter anderem bei der Staatsanwaltschaft Stralsund mehrere Anzeigen gegen *Altermedia* erstattet – wegen Drohungen, Volksverhetzung, Verleumdung und weiterer Delikte. Die Staatsanwaltschaft Stralsund ist schon länger mit dem Fall beschäftigt. Sie ist es auch, die den *Altermedia*-Gründer Axel Möller für zweieinhalb Jahre hinter Gitter bringt und seinen Stellvertreter für zwei Jahre. Die Prozesse finden in Rostock statt.

Doch nicht alle staatlichen Stellen erweisen sich als so zupackend wie die Staatsanwaltschaft in Stralsund. Wilfried Manneke erinnert sich: »Als ich auf *Altermedia* entdecke, dass ich in einem ›Kartenspiel‹ mit dem Massenmörder Fritz Haarmann verglichen werde, erstatte ich erneut Anzeige, diesmal bei der Polizei in Hannover. Das ›Kartenspiel‹ ist nämlich vermutlich von der Neonazi-Kameradschaft *Besseres Hannover* produziert worden. Die Sache zieht sich endlos hin. Dies veranlasst uns schließlich dazu, in eigener Initiative gegen *Altermedia* vorzugehen.

Ein Pfarrer aus Thüringen, ebenfalls Opfer massiver *Altermedia*-Hetze, und ich erinnern unsere Kirchenleitungen an deren Fürsorgepflicht. Daraufhin beauftragen die Mitteldeutsche Kirche und die Landeskirche Hannovers ganz offiziell Rechtsanwalt Trentmann, an die Behörden heranzutreten, um zu bewirken, dass die Plattform abgeschaltet wird. Herr Trentmann übergibt dem Verfassungsschutz in Niedersachsen alle Beweismittel, die mein Kollege aus Thüringen und ich im Lauf der Jahre über *Altermedia* gesammelt haben.

Darüber hinaus nimmt er Kontakt mit Generalbundesanwalt Harald Range in Karlsruhe auf. Er schlägt Herrn Range vor, bundesweit alle Anzeigen gegen die Plattform zu bündeln, um so besser beurteilen zu können, wie groß der Schaden ist, den *Altermedia* bisher angerichtet hat. Der Generalbundesanwalt lässt sich darauf ein. Von da an geht alles sehr schnell. Es folgen Razzien und Hausdurchsuchungen in vier Bundesländern; es gibt fünf Verhaftungen und Anklagen durch die Staatsanwaltschaft. 13 Jahre nach Inbetriebnahme wird *Altermedia* im Januar 2016 durch Bundesinnenminister Thomas de Maizière verboten.

Im Februar 2018 endet das Verfahren mit einer zweieinhalbjährigen Haftstrafe für den Hauptangeklagten und Bewährungsstrafen für weitere Angeklagte.«

*

Altermedia zu schließen ist durchaus schwierig, weil sich der Server im nicht-europäischen Ausland befindet, nämlich auf den Kaimaninseln. Zusätzlich werden die Daten über einen Mittelsmann in Moskau dorthin weitergeleitet. Das erschwert die juristische Aufarbeitung und schnelle Maßnahmen.

Eine entscheidende Rolle im ganzen Verfahren spielt ein Schreiben, das Wilfried Manneke an den zuständigen Referenten im Landeskirchenamt richtet. Es begründet, warum es so wichtig ist, gegen das Hetzportal vorzugehen: »Sehr geehrter Herr Oberkirchenrat, Sie hatten mich gebeten, noch einmal darzulegen, warum es meiner Einschätzung nach eine gebotene Aufgabe der Landeskirche sei, gegen das Internetportal *www.altermedia-deutschland.info* juristisch vorzugehen. Ich komme dieser Aufgabe gerne nach. Ich habe gemeinsam mit meinem Kollegen aus Thüringen folgenden Bericht verfasst: ... Unter dem Namen *Altermedia* agiert ein Internetportal, das in verschiedenen Ländern Ableger gegründet hat und der Verbreitung von nationalsozialistischem, antisemitischem und rassistischem Gedankengut dient. ... Die in und für Deutschland betriebene Seite *www.altermedia-deutschland.info* hat in der rechten Szene eine herausragende Bedeutung. Autoren und Adressaten stammen aus dem Bereich der radikalen freien Kameradschaftsszene, dem Umfeld der Partei *Die Rechte* und dem radikalen Flügel der NPD.

Diese Internetseite verstößt kontinuierlich gegen geltende Gesetze wie das über die Verwendung verfassungsfeindlicher Symbole; erfüllt die Straftatbestände der Beleidigung, Bedrohung und Volksverhetzung. Sie bereitet der Gewalt den Boden durch systematische Hetze gegen Personen und Personengruppen. Die Seite fungiert neben ihrem Propaganda-Schwerpunkt auch als überregionale Vernetzung der militanten rechten Szene. Zudem gibt es deutliche Hinweise darauf, dass es nach Beiträgen auf *Altermedia* zu Übergriffen vor Ort gekommen ist.

Für die Kirche hat diese Seite Bedeutung, weil sie den Religionsfrieden stört, indem sie systematisch kirchen- und christenfeindliche Propaganda betreibt, die durch

Unterstellungen, Falschaussagen und Diffamierungen gekennzeichnet ist. So wird mit antisemitischer Intention eine Wesensgleichheit von Juden- und Christentum dargestellt, die zu einer aggressiven antikirchlichen Polemik führt.

Mitarbeiter von Diakonie und Kirche werden regelmäßig medial ›an den Pranger‹ gestellt und herabgewürdigt. Es werden zum Teil Fotografien veröffentlicht oder Mail- und Wohnadressen angegeben. Insbesondere in den Kommentarspalten werden diese Mitarbeiter beleidigt und verleumdet. So werden sie pauschal als verlogen, pädophil und alkoholkrank bezeichnet. Ein anerkanntes Stasi-Opfer wurde diffamiert, indem man es als Stasi-Spitzel bezeichnete.

Für die Kirche relevant ist auch der aggressive Antisemitismus, der auf *Altermedia* verbreitet wird. Rechtfertigung von und Aufrufe zur Gewalt sind immer wieder festzustellen.«

*

Auch Mannekes Rechtsanwalt wird aktiv. Er wendet sich an die Landeskirche Hannovers, um das Mandat zu erhalten, die Schließung des rechtsradikalen Portals zu erwirken. So schreibt Rechtsanwalt Trentmann ebenfalls an den zuständigen Referenten: »Sehr geehrter Herr Oberkirchenrat, Herr Pastor Manneke hatte Ihnen bereits in seiner E-Mail vom 10. Juli 2014 mitgeteilt, dass es darum geht, die Kräfte im Kampf gegen *Altermedia* zu bündeln und zunächst einmal den Prozess einer Abschaltung bzw. einer empfindlichen Störung des

Auftretens in Gang zu setzen. Das wird zum einen auf der strafrechtlichen Schiene möglich sein. Ziel sollte es sein, dass nicht jede Staatsanwaltschaft einzelne Vorwürfe prüft, sondern die Vorwürfe der Volksverhetzung und Beleidigung zusammengetragen und in einem Vorgang bearbeitet werden. Das Gleiche gilt für die polizeilichen Stellen (Staatsschutz). Wenn die Ermittlungstätigkeit wegen des Auslandsbezugs der Server nur durch Rechtshilfeersuchen gefördert werden kann, macht es wenig Sinn, wenn jede Behörde für sich handelt. Die zweite Schiene ist die, dass ich erreichen möchte, dass die polizeilichen Maßnahmen der Gefahrenabwehr wieder oder überhaupt in Gang gesetzt werden.

Altermedia ist mit seinen menschenfeindlichen Beiträgen die Gefahr für die öffentliche Sicherheit und Ordnung schlechthin. Jede Zeitschrift mit diesem Inhalt wäre längst vom Markt. Hier denke ich, dass ich mit einem Mandat der Landeskirche die zuständigen Stellen durch Vorsprache und Schreiben wieder in Schwung bringen kann. Natürlich sehe auch ich die Probleme im Zusammenhang mit ausländischen Servern und Betreibern, die Grenzen der Möglichkeiten scheinen mir aber noch nicht erreicht zu sein. Wir dürfen den status quo nicht hinnehmen. Ich glaube, der aktuelle Zeitpunkt ist wegen der antisemitischen Hetze im Zusammenhang mit dem Gazakonflikt auch günstig. Ich erinnere daran, dass Bundespräsident Gauck und Bundeskanzlerin Merkel es für erforderlich hielten, auf die abscheuliche Hetze hinzuweisen.

Um den Prozess in Gang zu setzen, möchte ich also mit dem ausdrücklichen Mandat der Kirche bei Justiz, Polizei und beim Verfassungsschutz nachhaken. Als langjähriger Behördenleiter der Staatsanwaltschaft Verden sind mir auch viele Dienststellen noch bekannt. Ob eine Zusammenarbeit mit der Presse in Betracht kommt, muss überlegt werden. Ein Redakteur der *HAZ,* Tobias Morchner, ist dicht an dem Thema dran. Er hat vor wenigen Wochen über die Anklageerhebung gegen Mitglieder von *Besseres Hannover* ausführlich berichtet. Außerdem ist er selbst ›Sammelkartengeschädigter‹ von *Altermedia.*«

*

Unter dem Titel »Der Pfaffenspiegel« zieht das Neonazi-Portal über die Celler Pastoren Wilfried Manneke, Uwe Schmidt-Seffers und Stefan Thäsler her. Alle drei engagieren sich seit Jahren gegen Umtriebe von Rechtsradikalen in ihrer Region. »Ich erlebe es immer wieder: Wer sich öffentlich als Nazi-Gegner outet, wird danach im Internet zerrissen«, sagt Manneke dem *Evangelischen Pressedienst (epd).* Die Hetze in den Kommentaren auf den *Altermedia*-Seiten übersteige das, was er bereits gewohnt sei. Dort wird er sogar als »Verräterdeutscher« bezeichnet, der »entfernt« werden müsse.

Zum Glück solidarisiert sich die Evangelische Landeskirche mit den angegriffenen Pastoren. In einer offiziellen Pressemitteilung nimmt man Stellung: »Landesbischof Ralf Meister hat die öffentliche Hetze gegen evangelische Pastoren auf dem Internetportal *Altermedia* scharf verurteilt.« Er sei »entsetzt über die dort sichtbar werdende menschenverachtende und menschenfeindliche Ideologie«, sagte Meister am Sonnabend. Und weiter: »Ich stehe hinter den Überzeugungen und dem Engagement der angegriffenen Pastoren.«

Bischof Meister bittet alle Gemeinden der hannoverschen Landeskirche, sich an der Initiative *»Kirche für Demokratie – gegen Rechtsextremismus«* zu beteiligen. »Christen stehen für die Geschöpflichkeit des Menschen und für gleiche Rechte aller – ohne Ansehen der Religion, Nationalität oder Hautfarbe«, sagte das Kirchenoberhaupt.

*

Eschede, Herbst 2018. Wieder eine Mahnwache gegen Rechtsradikalismus. Wilfried Manneke, gekleidet mit seinem blauen Pastorenhemd, trägt ein Schild in der Hand: »Die Heide blüht lila, nicht braun«. Wieder einmal steht der Gute Hirte inmitten einer Schar von Protestierenden. Und er denkt zurück, wie damals im Jahr 1995 alles für ihn angefangen hat – mit den ersten Mahnwachen gegen die Neonazis in Hetendorf.

23 Jahre ist das mittlerweile her.

Wilfried Manneke spürt: Heute ist dieser Protest wichtiger denn je.

Er denkt besonders an die jungen Menschen, die hier in der Heide und an vielen anderen Orten in Deutschland von Alt- und Neonazis indoktriniert wurden. Er denkt an den Verlust von Menschlichkeit, Anstand und

Nächstenliebe. Er denkt daran, wie Hass und Gewalt wachsen. Er sieht vor sich die wutverzerrten Fratzen glatzköpfiger Rowdies, die ihn und seine Mitdemonstranten mit wüsten Beschimpfungen attackieren. Er trauert um die Opfer der dumpfen Ideologie des Rechtsradikalismus, er denkt an Peter Deutschmann, an Kapitän Gustav Schneeclaus und an die über 190 anderen Menschen, die in Deutschland in den letzten 30 Jahren von Rechtsextremen umgebracht wurden.

Wilfried Manneke friert bei dem Gedanken, dass die braune Gesinnungs-Gülle sich noch weiter über die Region der Südheide ergießen könnte. Und er fragt sich, ob die Kraft derer ausreichen wird, die wie das im KZ Bergen-Belsen ermordete jüdische Mädchen Anne Frank »an das Gute im Menschen« glauben. Ausreichen wird – um die Auswirkungen einer menschenverachtenden und Menschenrechte verletzenden Ideologie zu stoppen.

Mit Unbehagen denkt Manneke auch an seine Konfirmanden, die, dem Kindesalter kaum entwachsen, den braunen Rattenfängern ausgesetzt sind.

*

»Es gab für mich keine Alternative, als mich vor Ort gegen den Rechtsradikalismus zu engagieren. Deshalb war es richtig, dass ich mich nach meiner Rückkehr aus Südafrika sofort an den Mahnwachen gegen das Neonazi-Zentrum *Hetendorf 13* beteiligt habe.

Organisiert wurde der Protest vom Hermannsburger *Arbeitskreis gegen Hetendorf 13*. Dieser hatte sich in den

80er-Jahren gebildet, nachdem junge Leute der Celler Antifa auf das Treiben der Neonazis in Hetendorf und Umgebung aufmerksam gemacht hatten.

Und unser Protest hatte Erfolg. 1998 hat das Land Niedersachsen das Zentrum in Hetendorf wegen Verfassungswidrigkeit geschlossen.

Am Anfang stand der Entschluss: Hier muss etwas geschehen. Zustände wie diese dürfen nicht geduldet werden. Als Christ darf ich nicht tatenlos zusehen, wenn Menschen verunglimpft, bedroht oder sogar getötet werden.

In der Bergpredigt heißt es:
›Selig die Sanftmütigen; denn sie werden das Land erben. Selig, die hungern und dürsten nach der Gerechtigkeit; denn sie werden gesättigt werden. Selig die Barmherzigen; denn sie werden Erbarmen finden. Selig, die rein sind im Herzen; denn sie werden Gott schauen. Selig, die Frieden stiften; denn sie werden Gottes Kinder genannt werden. Selig, die verfolgt werden um der Gerechtigkeit willen; denn ihnen gehört das Himmelreich. Selig seid ihr, wenn man euch schmäht und verfolgt und alles Böse über euch redet um meinetwegen.‹
Matthäusevangelium, Kapitel 5,5–11

Wir müssen uns dem Hass entgegenstellen, wenn wir Frieden und Gerechtigkeit wollen. Und wir haben gelernt: Widerstand schlägt Wellen. Er breitet sich aus.

Dadurch entsteht das beruhigende Wissen: Wir stehen nicht allein!

Die Gründung des *Netzwerk Südheide gegen Rechtsextremismus* ist ein voller Erfolg. Unsere Aufgabe sehen wir darin, die Öffentlichkeit auf alle rechtsradikalen Aktivitäten aufmerksam zu machen, und fordern dazu auf, sich mit den Themen Rassismus und Rechtsextremismus auseinanderzusetzen.

Das *Netzwerk* ist ein bürgerliches Bündnis. Es besteht aus 15 ehrenamtlichen, aktiven Mitgliedern und 400 bis 500 solidarisch erklärten Unterstützern. Wir sind kein Verein, weil wir uns unsere freie und unbürokratische Herangehensweise erhalten möchten.

Vier lokale Arbeitskreise haben sich in diesem Netzwerk zusammengeschlossen: der *Arbeitskreis gegen Rechtsextremismus Hermannsburg*, das *Forum gegen Gewalt und Rechtsextremismus Celle*, die *Mahnwache Gerhus* aus Faßberg und Unterlüß sowie der *Arbeitskreis für Demokratie und Menschenwürde Eschede*. Nachdem durch die konzertierte Aktion der Arbeitskreise verhindert werden konnte, dass aus dem *Landhotel Gerhus* ein Neonazi-Zentrum wurde, fordern die Teilnehmer heute ein Verbot der mehrmals im Jahr stattfindenden Neonazi-Treffen in Eschede.

Weitere Initiativgruppen gegen Rechtsradikalismus in der Region schließen sich solchen Forderungen an. So in Schneverdingen, wo es das Bürgerbündnis gegen Radikalismus und Extremismus *Bunt statt braun* gibt. Oder in Munster, wo die Initiative *Unser Kreuz hat keine Haken* in der Evangelischen Kirchengemeinde eine Heimat hat. In Tostedt gibt es ein Forum für Zivilcourage, in Soltau-Fallingbostel-Walsrode sowie in Lüneburg-Uelzen Antifa-Gruppen. Auch der Deutsche Gewerkschaftsbund in Soltau und Celle-Lüneburg engagiert sich gegen Neonazis.«

*

Pastor Manneke kennt keine Berührungsängste, auch nicht bei den traditionell eher links ausgerichteten Antifaschistischen Gruppen: »Zur Antifa haben wir ›normale‹ Beziehungen. Bei den Demonstrationen und Mahnwachen, zu denen wir aufrufen, sind oft Mitglieder der Antifa dabei. Es ist entgegen mancher Befürchtungen von außen dabei noch nie zu gewalttätigen Auseinandersetzungen gekommen. Wir haben die Absprache, dass die von uns angemeldeten Demos und Mahnwachen völlig gewaltfrei bleiben. Die Antifa hat sich bisher auch immer daran gehalten.

Wir organisieren auch andere Aktionen: Freiluftgottesdienste, Gedenkfeiern und Informations-Veranstaltungen. Unsere Aktionen sind kreativ und fantasievoll. Trommelgruppen nehmen daran teil, Chöre treten auf. Es gibt Vortragsabende, Podiumsdiskussionen und Informationstage an Schulen.«

*

Doch bei allem vielfältigen Engagement gelingt es nicht, die Rechten aus der Südheide dauerhaft zu vertreiben. Die Truppe ist zäh, formiert sich immer wieder neu, bleibt hartnäckig aggressiv. Der bereits beschriebene Terror, den die rechten Kameradschaften ausüben, schreckt wiederum viele der Bürger ab, sich deutlich zu artikulieren – und sich gegen die braunen Wölfe zu stemmen. Viele Menschen fürchten um ihre eigene Sicherheit und die ihrer Familien.

Auch Wilfried Manneke sieht sich immer wieder Bedrohungen ausgesetzt – denn durch die konsequente öffentliche Aufmerksamkeit, die er dem Thema verschafft, handelt er sich viel Ärger ein. Der Brandanschlag auf sein Haus ist nur eine von vielen Episoden, die die tatsächliche Bedrohung für diejenigen zeigen, die sich dem braunen Mob entgegenstellen. Durchhalten ist angesagt.

Manneke berichtet: »Drohungen gibt es seit 23 Jahren. Und auch Gewalttaten. Unbekannte haben die Seitenscheibe meines Autos, vermutlich mit einer Zwille, zerschossen – auch die Seitentür hat tüchtig was abgekriegt. Um den Schaden zu beheben, musste ich 2000 Euro auf den Tisch legen. Einer Mitstreiterin hat man ein Hakenkreuz und die Worte ›Rote Sau‹ in die Tür ihres Wagens geritzt. Die Täter hat man nie gefunden.«

*

Reift da nicht doch manchmal der Gedanke ans Aufgeben? Der Pastor steht noch immer auf seiner Mahnwache gegen die rechten Umtriebe in Eschede. Ja, es gibt auch einen inneren Kampf: Was ist mit seinen Kindern, vor allem dem Jüngsten, Benedikt?

Man muss wissen: Kinder der Rechten besuchen mit ihm teilweise die gleiche Schule. Sabine, Wilfrieds Frau, hält fest: »Neulich kam Benedikt nach Hause und zeigte uns sein Hausaufgabenheft. Jemand hatte es anscheinend heimlich aus seinem Ranzen genommen und die Seiten beschmiert – mit 14 Hakenkreuzen und dem Satz: ›Adolf Hitler ist toll‹.«

Wilfried Mannekes innerer Kampf spielt sich ab zwischen der Verantwortung für die Familie auf der einen Seite und seiner Verantwortung für die Menschen in der Gemeinde und die Gesellschaft. Wie oft hat ihn seine betagte Mutter schon gebeten: »Wilfried, um Himmels willen, leg dich nicht mit den Nazis an! Die werden dir noch etwas antun!«

Und was sagt seine Frau dazu?

»Meine Frau hat von Anfang an zu mir gehalten, mich unterstützt, mir stets zu verstehen gegeben: ›Was du da tust, ist wichtig! Es ist eine Tat für das Leben – gegen Hass und Gewalt!‹

Ja, sie hat recht: Wir dürfen den Wölfen das Feld nicht überlassen. Am Ende kann nur der ›Aufstand der Anständigen‹ stehen. Und der Entschluss: Jetzt erst recht!«

Auch der Rat der Gemeinde Unterlüß unterstützt das Engagement von Wilfried Manneke. Nachdem im Dezember 2011 auf das Pfarrhaus von Pastor Manneke ein Brandsatz geworfen wurde, verabschiedet der Rat der Gemeinde Unterlüß noch am gleichen Abend eine Resolution gegen Hass, Gewalt und rechtsradikales Gedankengut.

Kapitel 8

»Wir müssen die Kinder zurückholen!«

Wie man die braunen Verführer stoppen kann

Als 1998 in Hetendorf nach langen Protesten das Schulungszentrum des Neonazi-Anwalts Jürgen Rieger geschlossen wird, geht es an anderen Orten munter weiter. Da werden Aussiedler beschimpft, da werden dumme Sprüche über Migranten verbreitet, Andersdenkende verunglimpft.

Im Handumdrehen rekrutiert ein Neonazi aus Hetendorf, der bei Rheinmetall in Unterlüß eine Lehre macht, mehr als zehn Jungen im Alter von gerade mal 14 Jahren. Die Jungs haben plötzlich kurze Haare und tragen Bomberjacken und Springerstiefel. Ihre Provokationen und Anfeindungen gegen Spätaussiedler führen schon bald zu erheblichen Spannungen im Ort. Immerhin haben Spätaussiedler in Unterlüß einen Bevölkerungsanteil von etwa 15 Prozent.

Ernüchtert stellt Wilfried Manneke fest: »Viele dieser Jungs hatte ich erst im Jahr zuvor konfirmiert. Wer jetzt die Augen davor verschließt, lässt zu, dass hier bald Schlimmeres passiert.«

Wie kann man diese Jugendlichen wieder aus der rechten Szene herausholen? Und wie lässt sich verhindern, dass andere junge Menschen auf die Propaganda der rechten Hetzer hereinfallen?

Vordergründig, das ist klar, geht es den meisten darum, zu einer starken Gemeinschaft zu gehören: einheitliche, martialisch wirkende Klamotten, coole, harte Musik und ein einfaches, glasklares Weltbild.

Einer der Jungs, die durch den Lehrling angeworben wurden, hat eine aufmerksame Mutter, die sehr bewusst hinschaut, was sich da gerade entwickelt. Eines Tages wird sie von einer Erzählung ihres Sohnes aufgeschreckt. Dieser berichtet, dass zwei seiner Freunde sich Schreckschusspistolen besorgt hätten. Der »Neonazi-Rudelführer« hätte nun angeboten, die Waffen aufzubohren, um scharfe Munition verwenden zu können.

Die Mutter vertraut sich dem Pastor an. Sein Engagement gegen die Rechten ist mittlerweile weithin bekannt. Dieser zögert nicht und informiert die Polizei.

Manneke berichtet: »Nach diesem Vorfall haben wir sofort einen ›Runden Tisch‹ gebildet. Schule, Eltern, Gemeindeverwaltung, Sozialarbeiterin, Polizei, Kirchen – alle wurden mit einbezogen. Auch die Mutter war natürlich dabei, die uns mit den Informationen aus erster Hand versorgt hat. Als die Polizei diese Informationen bekam, hat sie gleich den Staatsschutz eingeschaltet, und bei dem Hauptverdächtigen wurde auch sofort eine Hausdurchsuchung gemacht. Dabei wurde jedoch nichts Nennenswertes gefunden. Die Polizei vermutete, dass der Jungnazi irgendwo im Wald ein geheimes Depot eingerichtet habe.

Zudem besuchten wir den Personalchef von Rheinmetall. Wir wollten ihn über die Umtriebe seines Auszubildenden in Kenntnis setzen. Er erwies sich schon als gut informiert und ebenfalls alarmiert. Der Rädelsführer durfte noch seine Lehre zu Ende machen – man wollte ihm nicht komplett die Zukunft verbauen, damit er später vielleicht doch die Chance bekam, aus der Szene auszusteigen. Aber eines war klar: Man würde ihn nach der Ausbildung auf keinen Fall übernehmen.«

*

Doch am meisten treibt Manneke eine Frage um: Was wird aus den Jungs, seinen ehemaligen Konfirmanden? Welche Verwüstungen richten die Neonazis in ihren Köpfen an? Sein Hauptinteresse gilt dem Versuch, diese Jungs aus dem braunen Milieu wieder herauszuholen. Dabei ist ihm klar: Das schafft er nicht alleine.

Aufgeregt erzählen ihm Eltern, dass Schüler aus der achten Klasse Grundschulkindern Hakenkreuze auf die Hände gemalt hätten. Außerdem würden sie mit fremdenfeindlichen und rassistischen Parolen auffallen. Das ist auch für die Schulleiterin, Gabriele Kreuzer, ein großes Problem. Jetzt muss sofort gehandelt werden.

Gemeindeverwaltung, Eltern, Schule, Polizei und Kirche ziehen am selben Strang. Gabriele Kreuzer und Wilfried Manneke sind die treibenden Kräfte:

»Als Erstes haben wir die Eltern, deren Jungs in die rechte Szene hineingezogen worden sind, zu einem Gesprächsabend eingeladen. Manche hatten schon vorher etwas geahnt, andere schienen ahnungslos zu sein. Die Mutter eines betroffenen Jugendlichen wollte das alles gar nicht wahrhaben. Ihr Sohn – in so einer Gruppe. Nein, das stimmt nicht. Das darf und das kann nicht sein!

Die Frau ist auch nicht zum Gesprächsabend gekommen. Aber sonst waren nahezu alle Eltern da. Und zeigten sich geschockt. Wir waren uns einig: Da muss jetzt schnell etwas geschehen – wir müssen einschreiten.

In einem zweiten Schritt haben wir die betroffenen Jugendlichen eingeladen. Und sie kamen tatsächlich fast alle. Mit dabei waren neben der Leiterin auch die Sozialarbeiterin der Schule, die katholische Ordensschwester Ignatia, der evangelische Jugenddiakon Helmut Sdrojek und der Jugendoffizier Andreas Sedlag vom benachbarten Bundeswehr-Fliegerhorst in Faßberg.

Ich war erstaunt, wie viele der Jugendlichen gekommen sind – es waren mehr als drei Viertel der Betroffenen. Sie erzählten von ihren Spannungen mit gleichaltrigen Spätaussiedlern. Dazu muss man wissen: Die russlanddeutschen Jugendlichen in Unterlüß haben sich früh in Gruppen organisiert und sind auch häufig in der Öffentlichkeit so aufgetreten. Das gab ihnen offensichtlich in der neuen Heimat ein Gefühl der Stärke. Im Schnitt waren diese Jugendlichen etwa 13 bis 15 Jahre alt. Immer wieder gab es Reibereien und Provokationen zwischen ihnen und den deutschen Jugendlichen. Die Lage eskalierte mehr und mehr. Die beiden Gruppen hatten quasi pausenlos Streit miteinander.

In diese Situation kommt nun jener Lehrling von Rheinmetall. Die permanenten gegenseitigen Anfeindungen werden ein Einfallstor für den braunen Rattenfänger. Der Lehrling habe, so berichten die Jugendlichen, gesagt: ›Ich zeige euch jetzt mal, wie man sich richtig wehrt!‹ Dann sind sie mit ihm in den Wald gezogen und haben erst mal einen Treueschwur auf eine Fahne abgelegt. Was für eine Fahne es war, das haben die Jugendlichen nicht verraten. Dann hat er als Fähnleinführer den Jugendlichen geholfen, sich entsprechend einzukleiden – mit Bomberjacken und Springerstiefeln, das ganze Programm.

Immerhin ist es uns gelungen, mit den Jugendlichen, die in die rechte Szene gezogen worden sind, Gespräche zu führen. Mit einigen der russlanddeutschen Jugendlichen haben wir gesondert Gespräche geführt. Ein erster Schritt war getan.«

*

Offensichtlich bringt der Mut zum Dialog auch die Möglichkeit zum Nachdenken mit sich. Bei den Gesprächen zeigt sich, dass die Achtklässler vom Nationalsozialismus überhaupt noch nichts wissen – und das, obwohl das frühere Konzentrationslager Bergen-Belsen nur 32 Kilometer von Unterlüß entfernt ist. Die Schule reagiert schnell: Der Nationalsozialismus ist nun ab der sechsten Klasse fester Bestandteil des Lehrplans.

»An unserem ›Runden Tisch‹ arbeiten Schulleiterin, Jugenddiakon und Jugendoffizier Hand in Hand. Auch kommunale Vertreter, Eltern und Polizei gehören dazu.

Wichtig ist für uns, dass unsere Arbeitsgruppen den direkten Kontakt zu den uns bekannten ortsansässigen Jugendlichen aus der rechten Szene aufnehmen. Und zugleich gezielt deren Eltern ansprechen. Bei manchen dieser Eltern ist sogar Erleichterung festzustellen, dass sie endlich über dieses Thema sprechen konnten – das sie aus Angst, Scham oder Nichtwissen vorher schlicht verdrängt oder verharmlost hatten.

Ebenso wichtig wie die Gespräche mit den Jugendlichen aus der rechten Szene und deren Eltern ist unsere Präventionsarbeit in der Schule, dem kommunalem Jugendtreff und in der Jugendarbeit in unserer Kirchengemeinde. Wir ziehen als Arbeitsgruppe Fachleute hinzu, wie zum Beispiel von der *Aktion Courage – SOS Rassismus.* Die Präventionsarbeit stimmen wir aufeinander ab. Entscheidend für den Erfolg ist die Orientierung an der Lebenswirklichkeit der angesprochenen jungen Menschen. Wir organisieren auch spezielle Präventionsprojekte wie das Programm ›Schritte gegen Tritte‹ – unterstützt von der Landeskirche Hannovers. Der Jugendoffizier Andreas Sedlag ist auch ehrenamtlicher Trainer des Villigster Deeskalationsteams. Er bietet für die Jugendlichen ein ›Anti-Gewalt-Training‹ an. Im Konfirmandenunterricht werben wir mit dem Projekt *Fair-Ständnis* für mehr Toleranz im Umgang mit Fremden.

Das gemeinsame Ziel dieser und weiterer Aktionen ist es, unterschiedliche Gewaltursachen aufzuzeigen und die Entwicklungen bewusst zu machen. Außerdem soll den Jugendlichen die Möglichkeit gegeben werden, über eigene Gewalterfahrungen nachzudenken und nach deren Ursachen zu fragen. Daraus entstehen konkrete Handlungs- und Interventionshilfen im Umgang mit Gewalt im Alltag.«

*

Vier Jahre lang arbeiten Manneke und die anderen Mitglieder des »Runden Tisches« hart daran, im Ort ein Klima zu schaffen, das Gewalt und Rassismus den Nährboden entzieht. Dieses Engagement führt schließlich dazu, dass die örtliche Schule ausgezeichnet wird. Es ist das erste Mal, dass eine Schule im Landkreis Celle die Auszeichnung *Schule ohne Rassismus* erhält.

Auch die Vernetzung von Schule, Kirche und Jugendtreff in dieser Arbeit gegen Gewalt und Rechtsradikalismus hat sich als sehr erfolgreich erwiesen. Die meisten der Jugendlichen, die von den Neonazis in die rechte Szene gezogen worden waren, sind schon bald wieder raus.

Natürlich sind sich in Unterlüß alle darüber im Klaren, dass der Titel *Schule ohne Rassismus* letztlich nur den Weg kennzeichnet, den die Schule gehen möchte. Niemand erhebt hier den Anspruch, das Ziel bereits erreicht zu haben. Vermutlich wird das wohl auch immer ein Traum bleiben. In Unterlüß möchten Lernende und Lehrende diesen Traum aber wenigstens so weit wie möglich verwirklichen. Darin werden sie tatkräftig von Eltern, Kommunalverwaltung und Kirche unterstützt.

Aktionen und Projekte, die gewaltfreie Konfliktbewältigung propagieren, werden bis heute regelmäßig in der Unterlüßer Schule durchgeführt. Einige der Schüler der oberen Klassen sind inzwischen zu Konfliktlotsen ausgebildet worden. Sie gestalten mithilfe der Lehrkräfte sogar Unterrichtseinheiten zu den genannten Themen in den unteren Klassen.

*

»Natürlich gibt es auch weiterhin Reibereien und Spannungen an der Schule. Dies lässt sich, wo Menschen miteinander leben, lernen oder arbeiten, wohl auch nicht vermeiden. Entscheidend ist aber, wie solche Spannungen ausgetragen werden. An dieser Stelle haben wir in Unterlüß nun wirklich dazugelernt. Das Verständnis füreinander, Toleranz und Rücksichtnahme haben zugenommen. Der Umgang mit Mitschülern und Fremden ist heute weniger aggressiv als früher. Das Klima an der Schule, im Jugendtreff und in der kirchlichen Jugendarbeit ist somit friedlicher geworden.

Der Aufwand hat sich also gelohnt. Gemeinsam geht es eben besser!«

*

Ja: Und dann gibt es doch noch jene Fälle, in denen scheinbar alle Mühe vergebens ist. Wilfried Manneke kennt auch solche Begebenheiten. Denn der Gute Hirte kämpft um jedes seiner Schäfchen, auch wenn es sich noch so sehr verlaufen hat. Einmal sitzt er einer Mutter gegenüber, deren Sohn in die rechte Szene abgerutscht ist.

Die Frau ist verzweifelt. Tränen steigen ihr in die Augen, wenn sie dem Pastor erzählt, dass sie erst einmal nichts, aber auch gar nichts gemerkt habe, auch nicht, als ihr Sohn sich eines Tages die Haare hat ganz kurz scheren lassen. Wenig später trug er auch Bomberjacke und Springerstiefel.

Im Zimmer ihres Sohnes entdeckte sie dann zufällig beim Umtopfen einer Pflanze, versteckt in der Blumenerde, Musikkassetten. Tonträger mit Neonazi-Liedern, unter anderem von Frank R., einer wichtigen Schlüsselfigur der rechtsradikalen Szene.

Auf ihre Frage, woher er denn diese Musik habe, zuckte der Junge bloß mit den Schultern, stieg die Treppe hinauf und schloss sich in seinem Zimmer ein.

Auch diese Mutter wollte es zunächst gar nicht glauben, wollte nicht wahrhaben, dass ihnen die Neonazis ihr Kind abspenstig gemacht hatten. Doch irgendwann musste sie der Tatsache ins Auge sehen, dass sie den Gesprächsfaden mit ihrem Sohn verloren hatte: »Ich konnte ihn nicht halten«, stellt sie traurig fest.

Pastor Manneke plagen Ernüchterung, Hoffnungs- und Hilflosigkeit angesichts solcher Geschehnisse. Was vielen nicht bewusst ist, die solche Entwicklungen als »Phase« abtun: Die Jugendlichen stehen in großer Gefahr.

*

»Vor einiger Zeit fragte mich die Pastorin der Radiokirche in Hamburg: ›Welches Bibelzitat würde gut zu Ihrem Engagement gegen Rechtsextremismus passen?‹

Ich stockte erst mal, dann fiel mir aber ein Satz ein, der nahezu identisch sogar zweimal in der Bibel vorkommt: 1. Samuel 10,7 und Prediger 9,10. Er lautet: ›Tu, was dir vor die Hand kommt!‹

Niemand von uns im *Netzwerk Südheide gegen Rechtsextremismus* hat das Thema aus freien Stücken gewählt. Es hat sich für uns einfach aus der Situation vor Ort ergeben. Wir stellen uns einer Bewegung in den Weg, die keinen Hehl aus ihrer Begeisterung für den Nationalsozialismus macht. Deshalb wollen wir den heutigen Nazis weder bei uns in der Südheide noch sonst irgendwo Raum geben.

Denn Rechtsradikale treten mit Füßen, was für uns einen hohen Wert hat: die Unverletzbarkeit der Menschenwürde, die Garantie der Menschenrechte, die Gleichberechtigung aller.

Obwohl die heutigen Neonazis die grauenvolle Geschichte des Dritten Reiches kennen, halten sie dennoch an den menschenverachtenden Werten des Nationalsozialismus fest und machen sie publik.

Ein wichtiges Sprachrohr ist dabei die Musik. Gerade weil sie eine starke emotionale Wirkung hat, nutzen Neonazis Musik, um vor allem junge Leute anzusprechen. Die Namen ihrer Bands sind Programm. Sie heißen: *Blitzkrieg, Gestapo, Kraftschlag, Stahlgewitter, Nordfront* oder *Landser*. Kürzlich sah ich eine Fernseh-Dokumentation über rechte Musikfestivals. Mit versteckter Kamera hatte jemand gefilmt, wie ein grölender Mob in der geschlossenen Veranstaltung völlig enthemmt gemeinsam den Hitlergruß zeigte und Nazi-Parolen skandierte.

Die Lieder dieser Bands sind kriegsverherrlichend, menschenverachtend und hasserfüllt. Ihre Texte sind fremdenfeindlich, rassistisch und antisemitisch. Sie haben einen überaus deutlichen Bezug zum Nationalsozialismus. Eine rechtsradikale Musikgruppe nennt sich sogar *Zyklon B*. Die ist zum Glück verboten worden.

Verboten werden müssten nach meiner Meinung aber noch viele weitere rechte Organisationen und Kameradschaften. Es kann doch nicht angehen, dass eine Gruppe sich *Gestapo* nennen darf!

Speziell die Band *Kommando Freisler* – der Name ist angelehnt an den NS-Richter Roland Freisler, der unter anderem die Mitglieder der Widerstandsgruppe *Weiße Rose* zum Tode verurteilte – fällt seit Jahren durch ihre den Nationalsozialismus und den Holocaust verherrlichenden Texte auf.

Hier ein Textbeispiel aus ihrem Lied ›Belsen‹:

›*In Belsen, in Belsen, da hängen sie an den Hälsen.*

In Buchenwald, in Buchenwald, da machen wir die Juden kalt.

In Auschwitz weiß ein jedes Kind, dass Juden nur zum Heizen sind.

Der Rabbi, dieses alte Schwein, der kommt dann in den Ofen rein.‹

Was für ein fürchterlicher Text, so menschenverachtend!

Weil Musik so verführerisch ist, verteilen Neonazis sogar kostenlos Musik-CDs auf Schulhöfen. Auch in Celle ist es an drei Schulen passiert, und zwar vor dem Hermann-Billung-Gymnasium, vor den Schulen in der Burgstraße und dem Berufsschulzentrum Altenhagen.

Das hat die Evangelische Jugend im Sprengel Lüneburg veranlasst, ebenfalls Musik-CDs zu produzieren und kostenlos an Jugendliche zu verteilen. Ihre neueste CD trägt den Titel: ›Fremde werden Freunde‹.

Neonazis treten gerne als Kümmerer auf. So sammeln sie die Entmutigten und Perspektivlosen. Sie versprechen ihnen eine bessere Zukunft, Arbeitsplätze und eine schützende Gemeinschaft. Und sie haben damit Erfolg, besonders dort, wo Jugendliche um ihren Arbeitsplatz bangen oder für Mindestlöhne schuften müssen. Ihnen versprechen die heutigen Nazis einfache Lösungen.«

*

Der Pastor erinnert sich noch heute gerne an den Erfolg einer Demonstration in Hannover: die größte Demo gegen Rechts, an der er je teilgenommen hat. Im Januar 2015 will *Hagida*, ein Ableger von *Pegida*, gegen die angebliche Islamisierung des Abendlandes protestieren. Dazu sind 200 Teilnehmer gekommen. Vorgesehen ist ein Protestmarsch vom Steintor zur Oper. Dazu kommt es aber nicht. Es sind nämlich zugleich auch 17 000 Gegendemonstranten in die Innenstadt gekommen. Die Straßen sind so voll, dass sich kaum noch jemand frei bewegen kann. Auch die *Hagida*-Truppe sitzt fest und muss den rechtsradikalen, hasserfüllten Protest abbrechen. Auf einem Plakat liest Manneke zu seiner Freude: »Hannover ist vielfältig, bunt und weltoffen«.

*

Nach der Gründung des Runden Tisches erleben die Aktivisten gegen Rechts vermehrt üble persönliche Anfeindungen.

Wilfried Manneke berichtet: »Unbekannte haben unsere Kirchentür mit Hakenkreuz-Aufklebern bestückt. Immer wieder werden solche Aufkleber auch auf die Laterne vor unserem Pfarrhaus geklebt. Jedes Mal, wenn so etwas passiert, rufe ich die Polizei und erstatte Anzeige, damit das Ganze dokumentiert und aktenkundig wird. Denn meine Erfahrung ist, dass die rechte Bedrohung leider oft von den Behörden verharmlost wird.«

Beamte fotografieren dann zwar die Laterne mit den Aufklebern. »Ich spüre aber, wenn ich in ihre Gesichter schaue, dass sie vermutlich nicht vorhaben, der Angelegenheit ernsthaft nachzugehen.

Als in Hermannsburg die Schaufensterscheiben unserer Mitstreiterin Johanna Ottermann mit rechten Parolen beschmiert werden, wird dies von der Polizei mit einem müden Lächeln abgetan, so als wäre es ein ›Dummer-Jungen-Streich‹.«

»Für nationalen Sozialismus« hat man unter anderem auf die Scheiben ihres Geschäfts geschmiert. Auch der *Stolperstein* für Irmgard Ruschenbusch wird in der gleichen Nacht beschmiert. Irmgard Ruschenbusch war die Tochter eines Pfarrers in Hermannsburg und wurde im Juni 1941 von den Nationalsozialisten im hessischen Hadamar ermordet. Sie war an Schizophrenie erkrankt, ihr Tod sollte der sogenannten Rassenhygiene dienen.

Der Künstler Gunter Demnig verlegt solche *Stolpersteine* seit dem Jahr 1992. Indem er vor ihrem letzten frei gewählten Wohnsitz beschriftete Gedenktafeln aus Messing in den Gehweg einlässt, erinnert er an die Opfer des Nationalsozialismus. Mittlerweile liegen fast 70 000 solcher Steine in fast 2000 Kommunen in ganz Europa. »Ein Mensch ist erst vergessen, wenn sein Name vergessen ist«, zitiert der Künstler den Talmud. Ein wunderbares Projekt.

Die Schmierereien der Neonazis sind natürlich alles andere als harmlos, insbesondere, wenn man dies im Zusammenhang mit all den anderen Vorkommnissen sieht, die sich bereits in der Südheide ereignet haben!

»Als kürzlich der ›Fall Maaßen‹ durch die Presse geisterte, ein Verfassungsschutz-Leiter, der die Ereignisse in Chemnitz herunterspielte und behauptete, dass ›keine belastbaren Informationen vorliegen, dass solche Hetzjagden stattgefunden haben‹, da erinnerte mich dies stark an viele Erlebnisse, die ich hier vor Ort selbst hatte. ›Alles halb so wild …‹, will man uns einreden, entweder um sich die Arbeit vom Hals zu halten – oder aus anderen, tiefer liegenden Gründen.«

*

Eines Tages klopft einer der jungen braunen Wölfe bei Familie Manneke an: »Wir feiern Silvester. Am Altjahrsabend klingelt es kurz nach Mitternacht an unserer Haustür. Ein früherer Konfirmand will mich sprechen. Er ist angetrunken und kommt auch gleich, quasi noch im Türrahmen, zur Sache. Als Erstes entschuldigt er sich dafür, dass er es war, der die Hakenkreuze auf unsere Kirchentür geklebt hat.

Ich weiß schon seit Längerem, dass er zur rechten Szene gehört. Aber dass er jetzt bei mir anklopft, erstaunt mich. Und ich nehme seine Entschuldigung natürlich an, aber nicht sofort.

Menschen anzunehmen, die die gleichen Überzeugungen haben wie man selbst, fällt ja nicht schwer. Wie ist es aber mit Zeitgenossen, die so völlig anders sind als wir selbst? Immerhin treten Rechtsradikale mit Füßen, was für uns Christen einen hohen Wert hat: die Unverletzbarkeit der Menschenwürde, der Frieden untereinander, Mitleid und Barmherzigkeit. So bitte ich meinen nächtlichen Besucher, der unruhig vor der Tür von einem aufs andere Bein tritt, erst einmal herein, um mit ihm zu reden. Vergebung und Umkehr sind ja bekanntlich untrennbar miteinander verbunden. Denken Sie nur an die Begegnung Jesu mit der Ehebrecherin, die im Johannesevangelium geschildert wird (Kapitel 8,1–11). Nachdem alle Ankläger gegangen sind, sagt Jesus zu der Frau: ›Ich verurteile dich auch nicht, sündige hinfort aber nicht mehr.‹

Die Begegnung Jesu mit der Ehebrecherin ist übrigens als Szene auch auf dem Altarbild der *Friedenskirche* in Unterlüß zu sehen.

In dieser Silvesternacht haben mein Besucher und ich uns noch lange unterhalten. Natürlich habe ich ihm erzählt, dass jeder Mensch ein Original Gottes ist und seinem Ebenbild entspricht. Jeder ist von Gott gewollt und geliebt, ohne Unterschied.

Trotz seiner seltsamen Überzeugungen war mir mein nächtlicher Besucher eben keinesfalls egal. Und ich hoffte sehr, dass er irgendwie die Kurve kriegt und seinen eingeschlagenen Weg verlässt.«

*

Wilfried Manneke versucht ruhig zu bleiben, aber man merkt, wie ihn das innerlich aufwühlt. Am Beispiel vor Ort zeigt sich, wie hartnäckig Ausgrenzung und Hass gegen Fremde wirksam sein können. 2015 kommt ein Flüchtling aus Eritrea in die Südheide. Er bringt eine erschütternde Geschichte mit: Durch Gewalt zum Militärdienst gezwungen, wird er im Bürgerkrieg in Äthiopien durch mehrere Granatsplitter und Schussverletzungen verwundet. Ihm gelingt die Flucht nach Deutschland, wo er Asyl beantragt. Das Ganze zieht sich eine Weile hin, dann wird sein Antrag schließlich abgelehnt. Der Mann soll, trotz der fortdauernden Bedrohung in seinem Heimatland, abgeschoben werden – zuerst nach Italien. Dass man ihn auch dort nicht dauerhaft behalten wird, ist absehbar. Und dennoch fällt die Entscheidung, so zu verfahren.

Die Evangelisch-lutherische Friedenskirchengemeinde Unterlüß entscheidet sich, dem Eritreer Kirchenasyl zu gewähren. In der Zeit von April bis August 2015 lebt der Mann fünf Monate unter dem Dach des Kirchenzentrums. Das Ganze bleibt nicht ohne Folgen.

*

»Wir hatten uns für ein sogenanntes stilles Kirchenasyl entschieden. Es sollte also öffentlich nicht bekannt werden. Da ich ja schon seit Jahren im Visier von Neonazis stehe, befürchteten wir, dass Nazi-Kameradschaften jetzt erst recht vor unserer Kirche auftauchen könnten. Kurz zuvor war bekannt geworden, dass Rechtsradikale in Dortmund mit einem öffentlichen Aufruf nach den versteckten Unterkünften von Kirchenasylanten fahndeten.

Nach Beendigung des Kirchenasyls in Unterlüß haben wir unsere Verschwiegenheit dann aufgegeben und der *Celleschen Zeitung* und der *Evangelischen Zeitung Niedersachsens* Interviews gegeben. Das hat sofort Reaktionen in Form von Leserbriefen hervorgerufen. Und es führte außerdem zu zwei Anzeigen.

Eine der beiden Anzeigen stammte von einem Rentner aus der Region. Er war mir schon früher durch seine Leserbriefe aufgefallen, die er an die örtliche Zeitung schickte. In einem seiner Beiträge hatte er mich wegen meines Engagements gegen Rechtsradikalismus attackiert. ›Kirche ist doch auch sonst so tolerant‹, meinte er. Warum ich es denn nicht zulassen könne, dass auch Rechtsradikale ihre Meinung haben und sich treffen und darüber austauschen wollen.

Die zweite Anzeige hatte jemand erstattet, den ich ebenfalls nicht persönlich kannte. Es waren übrigens die ersten Anzeigen seit zehn Jahren, die in Niedersachsen wegen Gewährung von Kirchenasyl erstattet worden sind.

Der eine vorgebrachte Tatvorwurf lautete: ›Verstoß gegen das Aufenthaltsrecht‹. Und der andere zeigte mich als ›potenziellen Wiederholungstäter‹ an. Denn auf die Frage, ob ich noch einmal Kirchenasyl gewähren würde, hatte ich gegenüber der Presse gesagt: ›Wenn das Leben eines Menschen in Gefahr ist oder droht Schaden zu nehmen, würde ich es wieder machen.‹ Und schon hatte ich eine weitere Anzeige am Hals. Kaum zu fassen, was in den Köpfen mancher Menschen vorgeht.

Der Staatsanwalt in Celle bot mir an, das Verfahren gegen eine Zahlung von 900 Euro einzustellen. Ich sollte die Summe auf das Konto der Welthungerhilfe einzahlen. Und der Mann, dem wir Kirchenasyl gewährt haben, sollte 20 Stunden gemeinnützige Arbeit leisten. Auf Anraten meines Rechtsanwalts Helmut Trentmann haben er und ich das Angebot des Staatsanwalts auch sofort angenommen.

Ich wollte die Auseinandersetzung nicht mit einem langen Rechtsstreit weiter anheizen und womöglich dadurch andere Kirchenasyle gefährden. Zu der Zeit gab es deutschlandweit 610 Fälle von Kirchenasyl. Deshalb habe ich die Forderung der Staatsanwaltschaft auch sofort erfüllt.«

*

Damit noch nicht genug. Es geht weiter, denn der Mann, der die Anzeige wegen »Verstoß gegen das Aufenthaltsrecht« erstattet hat, meint, dass Manneke nicht hart genug bestraft worden sei. Deshalb reicht er eine Beschwerde beim Generalstaatsanwalt in Celle ein. Aber dieser stimmt der Entscheidung des Staatsanwaltes, der das Verfahren eingestellt hat, zu.

Es scheint immer noch nicht genug passiert zu sein. Denn nun wird eine Dienstaufsichtsbeschwerde gegen den Generalstaatsanwalt beim Niedersächsischen Justizministerium eingereicht. Doch auch diese Beschwerde führt nicht zum Erfolg.

Jetzt bleibt dem Unruhestifter nur noch eine Möglichkeit, nämlich eine Petition im Niedersächsischen Landtag einzureichen.

Manneke ist davon überzeugt, dass der notorische Querulant, der bekannt ist für seine »Glaubens- und Kirchenschelte«, diesen letzten Schritt auch noch gehen wird. Doch dazu kommt es nicht mehr. Der Mann verstirbt plötzlich und unerwartet an den Folgen eines Herzinfarkts.

Da Manneke die 900 Euro sofort bezahlte, hätte er mit seinen Einsprüchen sowieso keine Chance gehabt.

Und der Asylbewerber, der in der Gemeinde Unterschlupf fand, wird glücklicherweise ein Jahr nach dem Kirchenasyl endgültig als politischer Flüchtling anerkannt.

Kapitel 9

»Neonazis sind Gift für unser Land«

Die Verleihung des Paul-Spiegel-Preises für Zivilcourage

Für seinen Einsatz gegen Rechtsextremismus und Antisemitismus wird Wilfried Manneke am 18. Juni 2018 vom Zentralrat der Juden mit dem Paul-Spiegel-Preis geehrt. Margot Käßmann hält die Laudatio auf den Preisträger. Und Dr. Josef Schuster, der Präsident des Zentralrats der Juden in Deutschland, erklärt:

»Pastor Manneke beweist mit seinem außergewöhnlichen Engagement Mut und Beharrlichkeit. Obwohl er persönliche Anfeindungen ertragen muss und bereits Anschläge auf ihn und seine Wohnung verübt wurden, lässt sich Pastor Manneke nicht einschüchtern. Er und seine Mitstreiter zeigen ebenso wie die Evangelische Landeskirche Hannovers einen herausragenden Einsatz zum Schutz von Minderheiten und für unsere Demokratie. Mit seiner Zivilcourage ist er für uns alle ein Vorbild.«

*

Die Preisverleihung ist eine öffentliche Anerkennung, nicht nur für die Leistungen von Wilfried Manneke, sondern auch für die Anstrengungen aller Beteiligten aus den verschiedenen Aktionsbündnissen.

Ein Moment des Glücks, den Wilfried Manneke mit Dankbarkeit verknüpft – für einen langen Weg, für viele Mitstreiter, für gute Begegnungen und für Bewahrung. Es schwingt bei ihm aber auch Trauer um manche verpasste Chance mit, denn: »Der Antisemitismus in Deutschland ist nie richtig aufgearbeitet worden. Der Umgang mit Juden ist in unserer Gesellschaft bis heute verkrampft. Warum können wir nicht einfach sagen: Das sind deutsche Mitbürger, die nur einer anderen Religion angehören.

Der Protest gegen Antisemitismus muss von der deutschen Mehrheitsgesellschaft kommen. Antisemitismus ist kein Problem der Juden. Antisemitismus gefährdet die Demokratie. In dem Maße, wie eine Gesellschaft Antisemitismus bekämpft, zeigt sie, wie sehr sie in der Lage ist, demokratisches Bewusstsein und demokratische Werte zu verteidigen.«

*

In seiner Dankesrede zieht Wilfried Manneke Resümee: »Es ist das erste Mal, dass ich für mein Engagement gegen Rechtsextremismus ausgezeichnet werde. Dass dieser Preis vom Zentralrat der Juden in Deutschland kommt, ist für mich eine besondere Ehre. Ich freue mich darüber, dass unser Engagement gegen Rassismus, Antisemitismus und gruppenbezogene Menschenfeindlichkeit gesehen und gewürdigt wird. Ich sage bewusst *unser* Engagement. Denn ich stehe im Kampf gegen den Rechtsextremismus ja nicht alleine da. Es sind viele, die sich mit mir engagieren. Eine große Anzahl von Mitstreiterinnen und Mitstreitern ist heute auch hier. Die meisten von ihnen kenne ich übrigens von der Straße. Wir haben schon in den 90er-Jahren gemeinsam vor dem Neonazi-Zentrum *Hetendorf 13* protestiert und später vor dem *Landhotel Gerhus* in Faßberg, wo ein rechtsradikales Schulungszentrum entstehen sollte. Heute protestieren wir mehrmals im Jahr vor einem Hof in Eschede, wo sich regelmäßig Rechtsradikale zu ihren sogenannten Brauchtumsfeiern treffen. Bei unserer Begegnung auf der Straße ist es aber nicht geblieben. Wir haben uns organisiert.

2009 gründeten wir das *Netzwerk Südheide gegen Rechtsextremismus* und 2010 die Initiative *Kirche für Demokratie – gegen Rechtsextremismus* in der Evangelisch-lutherischen Landeskirche Hannovers, kurz IKDR genannt. Wir haben erkannt: Nur gemeinsam sind wir stark. Deshalb sind wir auch eine breit aufgestellte Allianz von Einzelpersonen, Organisationen und Initiativen aus Kirche und Gesellschaft.

Aufmärsche von Rechtsradikalen gibt es in vielen Städten Niedersachsens, aber nirgendwo so häufig wie in Bad Nenndorf. Zehn Jahre lang traten dort, immer am ersten Augustwochenende, um die 1000 Neonazis auf. Ihr Ziel war das Wincklerbad, in dem sich von 1945 bis 1947 ein Verhörzentrum der britischen Armee für Nazis befunden hat. Es gibt auch keine Stadt in Niedersachsen, die sich so fantasievoll und kreativ gegen Neonazi-Aufmärsche gewehrt hat wie Bad Nenndorf. Mit bunten Partys entlang der Route haben die Bad Nenndorfer den Rechtsradikalen so richtig den Spaß verdorben. Kein Wunder, dass die ungebetenen Gäste sich schon seit zwei Jahren nicht mehr in der Stadt haben sehen lassen. Der Motor des Bündnisses in Bad Nenndorf ist der Apotheker Jürgen Uebel. Er hat vor einem Monat für sein Engagement aus den Händen des Bundespräsidenten das Bundesverdienstkreuz erhalten.

Auch an anderen Orten in Niedersachsen sind rechtsradikale Aktivitäten zu beobachten. Als Christen können wir da nicht tatenlos zusehen. (…)

Der Paul-Spiegel-Preis ist mit 5000 Euro dotiert. Meine Frau und ich haben uns entschieden, das Geld zu spenden. Ein Drittel erhält die *Arbeitsgemeinschaft Bergen-Belsen e. V.* Die AG Bergen-Belsen unterstützt die Arbeit der Gedenkstätte. Ein Drittel erhält das *Netzwerk Südheide gegen Rechtsextremismus* und ein Drittel die Initiative *Kirche für Demokratie – gegen Rechtsextremismus* in der Evangelisch-lutherischen Landeskirche Hannovers. (…)

Die Nazis haben über sechs Millionen Menschen in Konzentrationslagern ermordet. Sie haben Europa und die Welt mit einem Krieg überzogen, der Millionen Menschen das Leben kostete – auf den Schlachtfeldern, in Luftschutzbunkern und in den Gefängnissen der Gestapo. Unser Land trägt noch heute die Narben der Nazi-Diktatur und ihrer unbeschreiblichen Verbrechen.

Es gibt kaum eine Familie hier in Hannover oder sonst wo in Deutschland, die keine Opfer aus dieser Zeit zu beklagen hat.

Obwohl die heutigen Nazis die furchtbare NS-Geschichte kennen, machen sie kein Geheimnis aus ihrer Begeisterung für den Nationalsozialismus. Sie organisieren Aufmärsche in unseren Städten, wie in Bad Nenndorf oder vor Kurzem in Goslar. Sie haben Menschen verprügelt, nur weil sie eine andere Hautfarbe haben. Sie haben Menschen aus fahrenden Zügen geworfen und Obdachlose umgebracht. Seit der Wiedervereinigung 1990 wurden nach Angaben der *Amadeu-Antonio-Stiftung* in Deutschland 193 Menschen von Rechtsextremen umgebracht.

Die Opfer waren hauptsächlich Migranten, Obdachlose und Linke. Sie wurden von Schlägern der extremen Rechten zu Tode geprügelt, erschlagen oder verbrannt. Das NSU-Trio hat zehn Menschen regelrecht hingerichtet.

Rechtsextreme treten mit Füßen, was für uns einen hohen Wert hat (…) und sie gewinnen, wenn wir ihnen tatenlos zusehen. Sie gewinnen, wenn wir uns nur empört abwenden, statt ihnen entgegenzutreten.

›Nächstenliebe verlangt Klarheit!‹ Unter diesem Motto wendet sich die Evangelische Kirche gegen Rechtsextremismus. Es ist notwendig, dass wir klar hinsehen, klar reden und klar handeln. Wir können uns eben nicht vornehm heraushalten, wo wir rechtsextreme Meinungen hören. Wir müssen Stellung beziehen. Deshalb können wir weder Ausländerfeindlichkeit tolerieren noch die

Meinung, dass nur das Starke gut sei. Deshalb widerspricht Rechtsextremismus auch fundamental unseren ethischen Grundsätzen und Maßstäben. Als Christ muss ich sogar ganz deutlich sagen: ›Rechtsextremismus und christlicher Glaube sind unvereinbar.‹

Mein größter Dank aber gilt der Familie, meiner Frau Sabine und den Söhnen Miklas, Franchot, Felix und Benedikt. Die Anfeindungen gegen mich sind ja gerade in der Familie nicht unbemerkt geblieben. Besonders die beiden Jüngeren, Felix und Benedikt, haben viel mitbekommen. Die beiden Älteren, Miklas und Franchot, leben in Johannesburg. Wenn sie zu Besuch bei uns waren, bekamen auch sie hautnah mit, was los war. Sie sind extra für die heutige Preisverleihung angereist, um solidarisch an der Seite ihrer Familie zu stehen.«

*

»Gerade Juden sind im Visier von Neonazis. Antisemitismus ist für Rechtsextreme ein wesentlicher Bestandteil ihres Weltbildes. ›Aufruf zum Rassenhass‹ ist zwar seit 1949 eine Straftat. Das hält die braunen Horden jedoch nicht davon ab, ihr Weltbild weiter zu pflegen. Judenfeindlichkeit ist bei ihnen Grundkonsens und eine Art ›Ehrensache‹. Darüber wird intern noch nicht einmal diskutiert, so selbstverständlich ist der Antisemitismus Teil ihrer Überzeugung.

Ich las vor Kurzem in der Presse, dass jeder fünfte Deutsche nur ungern einen Juden in seiner Familie hätte.

Laut einer aktuellen Studie des *Pew-Forschungsinstituts* antworteten 19 Prozent der befragten Menschen in Deutschland auf die Frage ›Wären Sie bereit, einen Juden als Familienangehörigen zu akzeptieren?‹ mit ›Nein‹. Zum Vergleich: Nur drei Prozent der Niederländer und Norweger hätten ein Problem mit jüdischen Familienmitgliedern.«

Kapitel 10

»Wir sind noch nicht am Ziel!«

Warum es jetzt Zeit ist, dass die Bürger der Mitte aufwachen

Nur wer die Geschichte des Nationalsozialismus kennt, hat eine Vorstellung davon, welch eine Gefahr von dieser Ideologie ausgeht. Deshalb ist es so wichtig, die direkten Beziehungen zwischen den heutigen Neonazis und den Altnazis herzustellen und sich vor Augen zu führen, welche furchtbaren Verbrechen damals im Namen des Nationalsozialismus begangen wurden. Wie heftig die Nazis während des Dritten Reiches gewütet haben, beschreibt auch die Unterlüßer Geschichte.

Unterlüß ist nur 32 Kilometer von der Gedenkstätte des früheren Konzentrationslagers Bergen-Belsen entfernt. Während des Dritten Reiches befand sich in Unterlüß ein Außenlager des Konzentrationslagers. Im sogenannten Tannenberglager waren 950 jüdische Frauen aus Ungarn inhaftiert. Sie wurden in Auschwitz als

»noch arbeitstüchtig« ausgesondert und nach Unterlüß gebracht, wo sie täglich zwölf Stunden in der Munitionsfabrik arbeiten mussten. Andere wurden auf dem Schießplatz für Forstarbeiten eingesetzt, fällten Bäume, zerkleinerten Holz oder arbeiteten im Straßenbau.

Neben dem Tannenberglager gab es noch weitere Kriegsgefangenenlager in Unterlüß. Insgesamt waren 4000 Gefangene hier untergebracht.

Pastor Manneke hat sich intensiv mit dieser Zeit auseinandergesetzt – und erschütternde Details entdeckt.

*

»Vor einigen Jahren erhielt ich Post von Edith Balas, einer Holocaust-Überlebenden, die zu den 950 Frauen aus Ungarn gehörte, die man ins Tannenberglager verschleppt hatte. Sie lebt heute in Pittsburgh/USA. Edith schickte mir ihre Biografie *Vogel im Flug: Erinnerungen einer Überlebenden und Wissenschaftlerin,* in der sie unter anderem auch ihre Zeit im Lager ausführlich beschreibt.

Ich habe den Text mit großer Betroffenheit gelesen. Und ich habe mir vorgenommen, ihre Geschichte möglichst vielen Menschen zu erzählen, damit sie nicht vergessen wird.«

*

»Am 8. Mai 2018, dem Tag der deutschen Kapitulation, halten wir in Unterlüß einen ›Bittgottesdienst zur Erhaltung des Weltfriedens‹. Neben Mitgliedern unserer

Ortsgemeinde sind auch 40 Pilgerinnen und Pilger aus ganz Niedersachsen anwesend. Die Pilgergruppe demonstriert am Nachmittag vor dem Werkstor der Firma Rheinmetall gegen Rüstungsexporte in Krisenregionen. In meiner Predigt zum Jahrestag erzähle ich auch die Geschichte von Edith Balas. Hier ein Auszug:

Heute vor 73 Jahren erklärte die Wehrmacht ihre bedingungslose Kapitulation. Es bedeutete für die Menschen hier in Deutschland, dass die Waffen endlich schwiegen. Es war aber noch nicht das Ende des Zweiten Weltkriegs. Erst mit der Kapitulation Japans am 2. September 1945 war der Krieg wirklich zu Ende.

Die Zahl der Opfer dieses globalen Kriegs lässt sich nur schätzen. Die Zahl der direkt im Krieg Getöteten liegt bei fast 60 Millionen Menschen. Beziehen wir aber die Toten mit ein, die durch Verbrechen gegen die Menschlichkeit umgekommen sind, und die Toten, die an den Kriegsfolgen verstorben sind, so müssen wir von 80 Millionen ausgehen.

Auch wenn der 8. Mai ›Tag der Befreiung‹ genannt wird, gibt es kaum einen Tag im Jahr, der so sehr mit schweren Erinnerungen beladen ist wie dieser. Wir erinnern uns an Großväter, Väter und Brüder, die von den Kampffeldern nicht mehr zurückgekehrt sind. Wir erinnern uns an Großmütter, Mütter und Schwestern, die im Krieg zu Schaden gekommen sind. Wir denken an zerstörte Häuser, an ausgebrannte Wohnungen, an angstvolle Stunden in Kellern und miserablen Schutzunterkünften. Wir wissen um abgekämpfte Menschen, die mit wenigen Habseligkeiten ihre Heimat verlassen mussten. Irgendein Flüchtlingstreck hat sie irgendwo auf die Straße gespuckt. Menschen ohne Heimat, Menschen, die alles verloren haben. 80 Millionen Tote.

Menschen, die Opfer sinnloser Gewalt geworden sind. Ihr Blut schreit gen Himmel wie einst das Blut Abels, der von seinem Bruder Kain ermordet wurde. Zu diesen Toten gehören gefallene Soldaten, zerbombte Zivilisten und erfrorene Flüchtlinge. Zu diesen Toten gehören vergaste und anders ermordete Juden, politische Gegner und alle, von denen man nicht weiß, wie sie umgekommen sind. Kein Wunder, dass die Sehnsucht nach Frieden heute so groß ist.

Wir wissen: Nur im Frieden ist freie Entfaltung möglich. Nur im Frieden können Wünsche und Träume wahr werden. Wie schnell der Friede in der Welt gefährdet ist, haben wir in den letzten Jahren mehrfach erlebt. Ich erinnere an den Krieg in Syrien oder an die entsetzlichen Gräueltaten des IS-Terrors. Ich erinnere an die Kriegshandlungen in Afghanistan oder an die anhaltenden Auseinandersetzungen in Palästina und Israel. Und wieder gibt es Flüchtlingstrecks. Wieder wissen wir um abgekämpfte Menschen mit wenigen Habseligkeiten. Wieder gibt es Menschen ohne Heimat. Menschen, die alles verloren haben, Menschen, die unsere Hilfe und unser Engagement brauchen. Noch nie waren so viele Menschen auf der Flucht wie zurzeit. Knapp 60 Millionen sind es, die ihre Heimat verlassen mussten. Die meisten von ihnen haben in Afrika Zuflucht gefunden. Viele kommen aber auch zu uns. Sie fliehen vor Krieg, Hunger und Elend.

Gegen Ende des Zweiten Weltkriegs gab es in Deutschland zwölf Millionen Flüchtlinge. Sie kamen aus den östlichen Teilen des Landes: Ostpreußen, Pommern, Schlesien. Sie waren froh, dass sie irgendwo im Westen bleiben konnten. Auch hier vor Ort sind nach dem Krieg viele Flüchtlinge aufgenommen worden. Sie zogen in die Baracken, in denen zuvor ausländische Zwangsarbeiterinnen und Kriegsgefangene untergebracht waren.

Während des Kriegs standen hier in Unterlüß 21 Barackenlager für 4000 Gefangene, die als Arbeiter bei Rheinmetall eingesetzt wurden. Sie kamen aus Russland, Polen, Jugoslawien und anderen Ländern. Von mindestens 188 Menschen wissen wir, dass sie ihren Zwangsaufenthalt hier nicht überlebt haben.

Besonders nahe gehen mir die beiden Massengräber mit Kindern. In einem Grab liegen 34 russische Kinder, im anderen Grab 23 polnische Kinder. Es sind die verstorbenen Kinder von Zwangsarbeiterinnen. Die meisten von ihnen starben aufgrund von Mangelernährung.

Kinder sind die unschuldigsten Opfer eines jeden Kriegs. Sie ermahnen uns in besonderer Weise, alles zu unternehmen, um den Frieden zu erhalten.

Oft berührt uns das Schicksal eines Einzelnen mehr als das Schicksal von Millionen von Menschen. Der Tod von Millionen von Menschen übersteigt ja auch unsere Vorstellungskraft. Deshalb möchte ich Ihnen ein Einzelschicksal vorstellen: die Geschichte von Edith Balas, geborene Lövy. Sie lebt heute in Pittsburgh, Pennsylvania. Vor einigen Jahren hat sie mir ihre Biografie zugeschickt mit dem Titel *Vogel im Flug.*

Edith ist Jüdin, wurde 1929 in Klausenburg im rumänischen Siebenbürgen geboren. Später fiel die Stadt im Rahmen des sogenannten Zweiten Wiener Schiedsspruchs wieder zurück an Ungarn. Von den während des Zweiten Weltkriegs verschleppten 15000 Juden ihrer Heimatstadt haben laut Ediths Kenntnis nur drei Familien vollständig überlebt. ›Meine Familie war eine von ihnen‹, heißt es in Ediths Brief. Als die deutschen Truppen 1944 Ungarn besetzen, ist sie gerade 14 Jahre alt.

Edith, ihre Schwester und ihre Eltern werden nach Auschwitz deportiert. Dort entgeht sie der Gaskammer nur, weil sie sich als 16-Jährige ausgibt und somit als arbeitsfähig gilt. Sie wird mit anderen Mädchen und Frauen in einen Viehwaggon gepfercht und hierher nach Unterlüß deportiert, wo man die Neuankömmlinge im Tannenberglager unterbringt. 950 jüdische Frauen leben dort in zwei großen Baracken, sie schlafen auf Strohmatratzen. Zu essen gibt es einmal am Tag eine Suppe.

Die Frauen arbeiten in der Rüstungsfabrik Rheinmetall, fertigen Munition, transportieren Steine für den Straßenbau und fällen auf dem Schießplatz Kiefern. Im Winter hätte Edith, auf deren Häftlingskleidung die Nummer 463 steht, gerne in der Munitionsproduktion gearbeitet. Denn in den Werkshallen ist es einfach deutlich wärmer als draußen. Als 14-Jährige kann sie sich aber gegen die anderen Mithäftlinge nicht durchsetzen und muss bei Minusgraden ohne geeignete Winterkleidung weiterhin draußen arbeiten. Unter ihrer Häftlingskleidung tragen die Frauen dickes Zementsackpapier, um sich so gegen die Kälte zu schützen. Sie arbeiten tagaus, tagein, jeden Tag zwölf Stunden, ohne Unterbrechung. Außer am 4. April 1945. Da müssen alle im Tannenberglager bleiben. Morgens sitzt Edith vor ihrer Baracke, als am Himmel plötzlich eine große Anzahl feindlicher Flugzeuge auftaucht.

Der 4. April 1945 wird zum schwärzesten Tag der Geschichte von Unterlüß. In 13 Wellen werfen amerikanische Militärflugzeuge ihre Bomben über dem Ort und der Rüstungsfabrik ab. Schon nach eineinhalb Stunden sind die großen Werkshallen von Rheinmetall völlig zerstört, aber auch große Teile von Unterlüß. 240 Häuser werden durch den Luftangriff schwer beschädigt oder komplett dem Erdboden gleichgemacht. 17 Einwohner kommen dabei ums Leben. Man kann die Bevölkerung rechtzeitig vor dem Luftangriff warnen, viele suchen in den Kellern ihrer Häuser oder den nahen Wäldern Zuflucht.

Zwei Lager für polnische Frauen und ein Säuglingsheim für Ostarbeiterinnen brennen infolge des Luftangriffs und des Bombardements gänzlich ab. Die Zahl der dabei umgekommenen Zwangsarbeiterinnen und ihrer Kinder wird nie ermittelt. Die Frauen im Tannenberglager bleiben dagegen zum Glück unversehrt. Die Anordnung der Wachleute, dass sie im Lager bleiben sollen, hat ihnen das Leben gerettet.

Die Alliierten rücken derweil immer weiter nach Osten vor und nähern sich der Heide. Bereits wenige Tage nach dem verheerenden Luftangriff auf Unterlüß und die Munitionsfabrik flüchten die SS-Bewacher des Lagers Tannenberg. Die dort inhaftierten Frauen lassen sie zurück. Aber deren Freiheit währt nur wenige Stunden. Schon am nächsten Morgen kommen bewaffnete Zivilisten mit Lkws zu den Baracken und bringen alle Frauen ins Konzentrationslager Bergen-Belsen. Dort müssen die Frauen noch bis zum 15. April, dem Tag der Befreiung, ausharren.

Die Zustände in Bergen-Belsen sind verheerend. Hunderte von Leichen liegen auf den Wegen und Plätzen auf dem Boden. Es gibt kaum noch Trinkwasser, fast keine Lebensmittel. Typhus und Ruhr wüten unter den geschwächten Menschen. Schon nach wenigen Tagen haben die Häftlinge aus Unterlüß sich angesteckt. Von den 950 jüdischen Frauen, die man vom Tannenberglager nach Bergen-Belsen gebracht hat, überleben nur 275 den Horror der letzten Lagertage. Alle anderen sind in Bergen-Belsen verstorben.

Eine dieser Holocaust-Überlebenden ist Edith. Niemand von uns kennt sie persönlich. Und doch sind wir betroffen, wenn wir ihre Geschichte hören.

Unsere Gedanken sind auch bei den gefallenen Soldaten, den Kriegsgefangenen, den Opfern der Bombenangriffe, der Flucht und Vertreibung. Millionen von Menschen sind in Konzentrationslagern umgekommen – Juden, Roma und Sinti, politisch Verfolgte, Widerständler. Nur die wenigsten, die man dorthin verschleppt hat, überlebten den Holocaust. Ob wir diese Menschen gekannt haben oder nicht, ob wir mit ihnen verwandt sind oder nicht – durch unser Mitgefühl und unsere Trauer sind wir mit ihnen verbunden.

Deshalb müssen wir jedem entgegentreten, der heute zu einem neuen Krieg aufruft, der Hass und Gewalt propagiert. Heute mehr denn je gilt das Wort des Kirchenlehrers Augustin, der gesagt hat: ›Schön ist der Krieg nur für die Ahnungslosen.‹«

*

Für Pastor Manneke ist klar: Christsein und Wegschauen – das geht nicht zusammen! Zu sehr hat ihn die Zeit in Südafrika geprägt. Er stellt fest: »Hier in Unterlüß, in den Auseinandersetzungen mit den extremen Rechten erlebe ich, dass es dasselbe Denken ist, das ich schon damals in Südafrika kennengelernt habe: Rassismus, Verachtung und Hass gegen andere Menschen.

In Südafrika habe ich 1994 die erste freie Wahl miterlebt. Nelson Mandela wurde zum Präsidenten gewählt. Damit war die menschenverachtende Apartheid Südafrikas offiziell beendet.

Ein Jahr später musste ich an meinem neuen Wohnort erleben, dass auch hier von einer bestimmten Gruppe eine menschenfeindliche Politik verherrlicht und Rassentrennung propagiert wurde. Wie eine Krake greifen derartige Gedanken um sich. So hat die rechtsextreme Organisation *White Power* das erklärte Ziel, die frühere Apartheidpolitik Südafrikas auf die ganze Welt zu übertragen.

›White Power‹ ist ein Schlüsselbegriff in der Neonazi-Szene. Er steht für die Vorherrschaft der Weißen. Die weltweit tätige White-Power-Bewegung entstand im Ku-Klux-Klan. Ihr Symbol ist die geballte Faust, und ihr Motto lautet: ›Alle Macht den Weißen‹.

Wenn es den Rechtsradikalen möglich wäre, die politischen Verhältnisse zu ändern, dann würden sie erstens die Demokratie abschaffen und zweitens die frühere Apartheidpolitik Südafrikas auf die ganze Welt übertragen: strikte Rassentrennung und eine uneingeschränkte Vorherrschaft der Weißen. ›Deutschland den Deutschen‹ – das ist der gleiche Klang, die gleiche Grundidee. Nächstenliebe verlangt deshalb Klarheit.

Was das Ganze besonders gefährlich macht, ist die Tatsache, dass viele der neuen Rechten als Wölfe im Schafspelz daherkommen. Es gibt ein aktuelles Buch mit dem Titel: *Neonazis in Nadelstreifen*. Die Autoren Andrea Röpke und Andreas Speit berichten darüber, welche Methoden Neonazis heute anwenden, um Mitbürger für ihre Ziele zu gewinnen.

Neonazis sind heute in vielen Bereichen aktiv. Sie versuchen, in Sportvereinen junge Leute zu gewinnen. Sie laden zu Abenteuern ein, bilden Jugendgruppen, veranstalten Zeltlager. Sie versprechen eine schützende Gemeinschaft. Leider haben sie mit ihrer Strategie immer wieder Erfolg.

Viele Menschen haben angesichts von Millionen von Geflüchteten, die weltweit unterwegs sind, und der

Hunderttausenden, die in Deutschland Asyl beantragt haben, eine diffuse Zukunftsangst. Der Terror, der von einigen islamistischen Fundamentalisten nach Europa und nach Deutschland getragen wurde, tut ein Übriges.

Es entsteht der Eindruck, dass es gut wäre, sich abzuschotten und die Grenzen einfach dichtzumachen. Aber das ist natürlich Unsinn. Denn wenn wir uns einigeln, beschneiden wir auch unsere eigene Freiheit – die ein kostbares Gut ist.

Manche fordern angesichts der momentanen Situation wieder: ›Ausländer raus!‹, als wäre dies die Lösung unserer Probleme. Diese Forderung ist nichts anderes als eine menschenverachtende Kampfansage. Denn wir sind längst ein Einwanderungsland, haben jahrzehntelang Menschen aus Italien, der Türkei, dem Osten und dem Süden als günstige Arbeitskräfte in unser Land geholt. Ohne das Engagement dieser Menschen würde vieles in unserem Land längst nicht mehr funktionieren.

Natürlich gibt es an der einen oder anderen Stelle Probleme im Miteinander. Das zu verschweigen, wäre unredlich. Aber es ist nicht so, dass wir derzeit massiv durch irgendeine diffus formulierte ›Überfremdung‹ bedroht wären. Wer in jedem Fremden eine Bedrohung sieht, der bereitet den Boden für Hass und Gewalt. Und wer andere mit Gewalt herausdrängen will, übertritt eine rote Linie, gefährdet unsere Demokratie.

Deshalb müssen wir ihre Angriffe abwehren – in den Parlamenten, auf den Straßen, in den Schulen, Betrieben und Kasernen. Die Rechtsradikalen gewinnen, wenn wir ihnen tatenlos zusehen. Sie gewinnen, wenn wir uns nur empört abwenden, statt ihnen entgegenzutreten.

Ich habe festgestellt, dass Äußerungen, die man vor 20 Jahren nur von Rechtsradikalen gehört hat, plötzlich aus der Mitte der Gesellschaft kommen. Oftmals sind sie in knappen Aussagen populistisch verpackt.

Manche Leute unterscheiden zwischen Rechtsradikalen und Rechtspopulisten. Meine Beobachtung aber ist, dass viele Positionen, die von Rechtspopulisten verbreitet werden, in Wirklichkeit rechtsradikal sind. Sie nutzen den Rechtspopulismus strategisch, um ihre Überzeugungen weiterzugeben, aber diese unterscheiden sich oft nicht von denen der Rechtsradikalen.

Wenn Alexander Gauland sagt, dass niemand neben Jérôme Boateng wohnen möchte, dann ist das doch Rassismus. Und wenn Björn Höcke meint, das Holocaust-Mahnmal in Berlin sei ein Denkmal der Schande, dann ist das Antisemitismus und verletzt alle, die im Holocaust zu Schaden gekommen sind – und ihre Nachfahren.

Mit dem Satz ›Das wird man ja doch mal sagen dürfen‹ werden in der Mitte der Gesellschaft rechtsradikale Ressentiments verbreitet. Was wir zurzeit erleben, ist, dass rechtsextreme und rechtsradikale Überzeugungen salonfähig gemacht werden.

Das kann man nicht im Raum stehen lassen! Wir müssen uns gegen solch ein Gerede zur Wehr setzen und uns einmischen. Wir müssen nachfragen, manchmal auch den Finger in die Wunde legen. Und wir müssen manche Aussagen, die von solchen Menschen getroffen werden, in den großen Zusammenhang stellen: In welchem geschichtlichen Kontext sind sie wie zu verstehen? Denn wenn wir dies tun, merken wir schnell, was für eine Ungeheuerlichkeit dahinter steht!

Weil ich seit über zwei Jahrzehnten mit Neonazis zu tun habe, kenne ich ihre Überzeugungen und Thesen. Das führt dazu, dass ich sie auch schnell heraushöre und merke: Das ist derselbe Wahnsinn, derselbe Hass, dieselbe Verachtung der Menschenwürde, die 1933 in die Katastrophe geführt hat.

Es ist bekannt, dass sich auch Menschen der AfD angeschlossen haben, die im Tiefsten rechtsradikal sind. Sie sind auf den Zug aufgesprungen, um ihre Überzeugungen schneller bekannt machen zu können. Ich hätte nicht gedacht, dass Deutschland sich so entwickeln würde.

*

Wölfe im Schafspelz – ja, diese Formulierung trifft es. Denn Bomberjacken und Springerstiefel tragen Neonazis zwar weiterhin bei Aufmärschen und öffentlichen Veranstaltungen, aber sonst kaum noch. Sie haben gemerkt, dass dieses Outfit viele Menschen abschreckt. Im Alltag treten sie deshalb heute oftmals viel zurückhaltender auf, sind schwer zu erkennen. Viele tragen eher Kleidung von *Thor Steinar, Fred Perry* oder *Consdaple*. Labels, die als Erkennungszeichen unter den extremen Rechten dienen. Wölfe im Schafspelz. Nicht alles, was harmlos aussieht, ist es auch.

Schleichend ziehen die rechtsradikalen Gedanken ihre Kreise. Es gilt, wachsam zu sein! Was tut sich in meinem Umfeld? Höre ich irgendwo fremdenfeindliche oder sogar rassistische Äußerungen? Wie wird über Behinderte gesprochen? Wie wird über den Holocaust geredet? Werden die Verbrechen des Nationalsozialismus verharmlost, wird ›Geschichtsklitterung‹ betrieben, werden Fakten geleugnet oder verdreht?

Wenn man merkt, dass sich da etwas anbahnt, sollte man es sofort thematisieren, andere darauf aufmerksam machen: in der Schule den Lehrer, zu Hause die Eltern. Die Kollegen, den Betriebsrat, den Firmeninhaber. Den Vereinsvorstand, den Trainer, den Veranstalter. Oder den Pfarrer.«

*

Angesichts der Ausbreitung rechtsradikaler Gedanken will Wilfried Manneke auch zukünftig nicht schweigen.

Während dieses Buch entsteht, holt er eine alte Ansprache hervor. Er hat sie vor 20 Jahren gehalten, als junge Neonazis das *Landhotel Gerhus* besetzt hatten. Erschreckend: Auch jetzt, zwei Jahrzehnte später, ist der Text so aktuell, als wäre er mit Blick auf die jüngsten Ereignisse in Köthen oder Chemnitz verfasst:

»Wir stellen uns einer Bewegung in den Weg, die keinen Hehl aus ihrer Begeisterung für den Nationalsozialismus macht. Deshalb wollen wir den heutigen Nazis weder in unserer Region noch sonst wo Raum lassen.

Nach der Machtergreifung der Nazis 1933 waren die ersten Häftlinge der neu eingerichteten Konzentrationslager Gewerkschaftsmitglieder, Kommunisten und Sozialdemokraten. Sie wurden durch Inhaftierung, Misshandlung oder Einschüchterung von jedem Widerstand abgehalten.

Obwohl die heutigen Nazis diese Geschichte kennen, verherrlichen sie den Nationalsozialismus. Wie damals pflegen sie den Aufbau von Schlägertrupps, die sie Kameradschaften nennen. (…)

In Niedersachsen suchen Neonazis schon seit Langem nach einem passenden Gebäude, das sie als Schulungszentrum nutzen können. Sie wollen dort ihre Ideologie an Menschen weitergeben, die dafür empfänglich sind. So sammeln sie die Entmutigten und Perspektivlosen. (…)

Helfen Sie mit, Mitbürger darüber aufzuklären, welche existenzielle Gefahr für uns vom Rechtsradikalismus ausgeht. Und vergessen Sie nicht: Im benachbarten Hetendorf hat der Protest bewirkt, dass Riegers Neonazi-Zentrum letztlich doch geschlossen werden musste. Lassen Sie uns also erneut die Rote Karte ziehen gegen Extremismus, Antisemitismus und Rassismus.

Ich nehme an den Protesten teil, weil Rechtsextremismus wesentlich aus zwei Elementen besteht: Rassismus und Gewalt. Beides gilt es zu verhindern. Denn beides widerspricht unserem christlichen Verständnis vom Umgang miteinander. Und unserer Überzeugung, dass Gott der Schöpfer aller Menschen ist – unabhängig von Hautfarbe, Religion oder kulturellem Hintergrund.

Ich schließe mit Worten von Pastor Martin Niemöller. Er war Theologe und ein führender Vertreter der *Bekennenden Kirche*. Wegen seines Widerstandes gegen den Nationalsozialismus wurde er 1937 verhaftet und ins Konzentrationslager Sachsenhausen gesteckt, wo er bis zum Kriegsende im April 1945 festgehalten wurde. Nach seiner Befreiung schrieb er:

›*Als die Nazis die Kommunisten holten, habe ich geschwiegen, ich war ja kein Kommunist.*

Als sie die Gewerkschafter holten, habe ich geschwiegen, ich war ja kein Gewerkschafter.

Als sie die Sozialisten einsperrten, habe ich geschwiegen, ich war ja kein Sozialist.

Als sie die Juden einsperrten, habe ich geschwiegen, ich war ja kein Jude.

Als sie mich holten, gab es keinen mehr, der protestieren konnte.‹«

Kapitel 11

»Was würde Jesus sagen?«

Christ sein heißt, auch Nein sagen zu müssen

Von Martin Niemöller, der während des Dritten Reiches Pfarrer der *Bekennenden Kirche* war, stammt auch der Satz »Was würde Jesus dazu sagen?«.

Ja, was würde er sagen, wenn er sehen würde, wie wir miteinander umgehen?

Wie wir einander hassen, verletzen, vertreiben.

Und wie wir uns umarmen, begrüßen, willkommen heißen und segnen.

Das Wort »Segen« kommt vom lateinischen Wort *signare* und heißt: »mit einem Zeichen versehen«. Gott hat den Menschen viele Zeichen gegeben. Er gab Kain das Zeichen der Verschonung, Noah das Zeichen des Regenbogens und Mose das Zeichen des brennenden Dornbusches. Zeichen über Zeichen. Es gibt aber ein Zeichen, in dem alle anderen Symbole eingeschlossen sind: Es ist das Kreuz Jesu.

*

»Ein kleines Mädchen kommt vom Dorf in die Stadt, sieht die vielen Kirchtürme und fragt die Mutter: ›Warum sind auf den Kirchen Pluszeichen?‹«

Wilfried Manneke hält fest: »Als ich diese kurze Geschichte das erste Mal höre, denke ich: Sie spiegelt gut wider, was ein gesegnetes Leben ist. Aufgrund unseres Verhaltens müsste es ja oftmals unter einem Minuszeichen stehen. Durch die Tat Jesu am Kreuz wird es aber in ein Pluszeichen verwandelt. Er tritt für uns ein. Wir sind so von ihm zum Leben gezeichnet. Wir sind gesegnet.

Und ich halte fest: ›Unser Kreuz hat keine Haken.‹ Damit grenze ich mich deutlich von dem Zeichen ab, das im krassen Gegensatz zum Kreuz Jesu steht – dem Hakenkreuz als dem zentralen Symbol der Nazis. Für mich ein überaus deutliches Minuszeichen, noch dazu laut Gesetz aus gutem Grund verboten, weil es für den millionenfachen Mord an Menschen steht.

Ja, Rechtsradikale treten mit Füßen, was für uns Christen einen hohen Wert hat: die Unverletzbarkeit der Menschenwürde, die Garantie der Menschenrechte, die Gleichberechtigung aller Menschen, ihre Gleichstellung und Gleichbehandlung.

Rechtsradikalismus und christlicher Glaube sind unvereinbar. Wir können in der Auseinandersetzung mit dem rechten Gedankengut zu keinem anderen Ergebnis kommen. Braune Ideologie und christlicher Glaube widersprechen sich wie Tag und Nacht, wie Hell und Dunkel, wie Plus und Minus.

Das Kreuz Jesu steht für Toleranz, Frieden und Versöhnung.

Das Hakenkreuz hingegen für Rassismus und Gewalt.

Beides gilt es zu verhindern! Rassismus und Gewalt widersprechen zutiefst unserem christlichen Verständnis vom Umgang miteinander.

In der jüdischen Thora, also in den fünf biblischen Büchern Mose, steht: ›Und Gott schuf den Menschen zu seinem Bilde, zum Bilde Gottes schuf er ihn und schuf sie als Mann und Frau.‹

Jeder Mensch ist ein Original, von Gott gewollt. Deshalb darf die Menschenwürde auch nicht auf eine bestimmte Gruppe von Menschen beschränkt werden. Alle Menschen sind gleichermaßen von Gott geschaffen und deshalb auch gleich viel wert!

Rechtsradikale betonen genau das Gegenteil – eben nicht die Gleichheit der Menschen, sondern ihre Ungleichheit. Ausgangspunkt ihrer Überzeugung ist die Rassenideologie der Nazis. Sie sprachen in ihrer Verblendung von ›Herrenmenschen‹ und ›Untermenschen‹. Sie behaupteten, dass Menschen von Geburt an nicht gleich viel wert sind, sondern dass es auch ein ›unwertes Leben‹ gibt – eines, das ausgelöscht werden muss.

Wir Christen müssen aufgrund unseres Glaubens dieser Ideologie unbedingt widersprechen! Denn sie steht in krassem Gegensatz zu unserer Überzeugung, dass Gott der Schöpfer aller Menschen ist, unabhängig von Hautfarbe, Religion oder kulturellem Hintergrund.

›Die Würde des Menschen ist unantastbar.‹ So steht es im Grundgesetz der Bundesrepublik Deutschland.

Die Würde des Menschen zu achten und zu schützen, ist aber nicht allein die Aufgabe des Staates. Es ist auch unsere Aufgabe.

Deshalb können wir weder Ausländerfeindlichkeit tolerieren noch die Meinung, dass nur das Starke gut sei. Wir müssen Stellung beziehen, wenn Menschen angegriffen, wenn Ausländer wegen ihres Aussehens, ihrer Sprache oder ihrer Religion diffamiert oder verfolgt werden. Wir dürfen nicht schweigen – wir müssen reagieren, helfend eingreifen, einschreiten, laut und deutlich NEIN sagen.

Im Nationalsozialismus hat sich die Evangelische Kirche in Deutschland leider zu sehr mit den Machthabern eingelassen und dem von ihnen geschürten Antisemitismus nicht widersprochen. Ein Grund, um Vergebung zu bitten.

*

Manchmal sind es die kleinen Gesten, die zählen. Es sind Zeichen, die den Ausstieg aus einer verfahrenen Situation oft erst möglich machen: ein freundliches Lächeln, ein aufmunterndes Wort, eine ausgestreckte Hand, die Bitte, zu verzeihen.

Mitunter braucht es dafür Mut. Zum Glück dürfen wir ihn, den Mutmacher selbst, an unserer Seite wissen.

Als Jesus sich von seinen Jüngern verabschiedete, sagte er zu ihnen: ›Den Frieden lasse ich euch, meinen Frieden gebe ich euch. Nicht gebe ich, wie die Welt gibt.

Euer Herz erschrecke nicht und fürchte sich nicht.‹ (Johannes 14,27)

Dieser Friede, den Jesus verheißt, ist mehr als nur eine sentimentale Stimmung. Er bedeutet auch mehr als Harmonie und Freundlichkeit. Dieser Friede soll in der Welt aufblühen und Gestalt gewinnen. Er soll konkret werden und die Welt verändern.

In unserer Welt zählen oft nur Macht und Einfluss. Da bestimmen Dominanz und Unterwerfung die Menschen. Häufig ist das Wort Frieden auch nur an die Bewahrung eigener Interessen und Vorteile geknüpft.

Der Friede, der von Gott kommt, ist ein anderer. Er gilt für alle Bereiche unseres Lebens. Er verzichtet im Großen wie im Kleinen auf Gewalt und will dem Leben dienen. Dafür braucht er Menschen, die in seinem Sinne handeln. Menschen wie dich und mich.

Friede muss immer wieder neu hineingetragen werden in die konkreten Situationen unseres Alltags. In Familie, Schule und Betrieb; aber auch in die Parlamente und internationalen Konfliktregionen.

Der Friede braucht auch risikobereite Menschen. Menschen, die dem Freund-Feind-Schema nicht mehr folgen; die das Visier herunternehmen und die Hand zum Friedensgruß ausstrecken. Das kann manchmal auch gefährlich sein, aber es ist die einzige Chance, Gewalt abzuwenden und den Frieden zu sichern.

*

Wer keine Ziele kennt, keine Visionen hat, der lässt die Welt so, wie sie ist. Der kann auch nur noch mit einstimmen in die allgemeine Klage, wie schlimm doch alles ist. Als Christen wollen wir aber, dass es durch uns heller wird in dieser Welt. Diesen Optimismus lassen wir uns nicht nehmen!

Und wenn wir die Welt auch nicht ändern können, so können wir es wenigstens unter denen, die uns unmittelbar umgeben, heller werden lassen. In der Familie, im Freundeskreis, in der Nachbarschaft, am Arbeitsplatz – eigentlich überall, wo wir Verantwortung tragen.«

Epilog

Das Leben ist ein ständiger Aufenthalt im Gefahrenbereich. Überall kann uns etwas passieren – im Straßenverkehr, im Haushalt, bei der Arbeit. Oder wenn wir unsere Stimme gegen die braunen Wölfe erheben.

Wer aus der Masse heraustritt und sagt, wofür er steht, riskiert etwas. Er macht sich angreifbar. Aber wie armselig wäre unser Leben, wenn wir nichts mehr wagen würden. Wer nur auf dem Bildschirm im kuscheligen Wohnzimmer verfolgt, was sich in der Welt, in unserem Land und in unserer Nachbarschaft abspielt, der verpasst eine große Chance.

Das Leben findet draußen statt. Dort, wo der Wind heftig weht, uns der Sturm ins Gesicht bläst und wir unter Umständen sogar Schaden nehmen könnten.

Andererseits – was ist die Alternative? Schön im Warmen und Trockenen bleiben und warten, bis alles vorbei ist?

Am Ende wird man uns vielleicht fragen, warum wir nicht eingeschritten sind, solange noch Zeit dafür war.

Jesus bewahrt im Sturm, mitten auf dem See Genezareth, die Ruhe, während seine Jünger meinen, ihr letztes

Stündlein hätte geschlagen. Wer glaubt, dass er es ist, der unser Leben letztlich in der Hand hält, der weiß auch, dass wir nie tiefer fallen können als in Gottes Hand.

Damit wir uns nicht falsch verstehen: Ich liebe das Leben, ich liebe meine Familie, meine Frau, meine Kinder. Ich kenne auch die Furcht vor Verletzung und Tod. Alles andere wäre nicht normal. Im Laufe der Jahre habe ich aber gelernt, mit der Bedrohung umzugehen, die einem widerfährt, wenn man sich gegen braune Wölfe engagiert.

Von den braunen Wölfen werde ich oft als »Gutmensch« bezeichnet. Ich weiß, wie sie das meinen. »Gutmensch« ist für sie eine spöttisch, gehässig und verachtend gemeinte Verunglimpfung. Sie achten den anderen gering. Und sie wollen mir und meinen Mitstreitern Angst machen. Sie wollen uns einschüchtern. Sie wollen, dass wir den Mund halten. Aber dürfen wir uns die eigene Meinung und das Recht, sie zu äußern, nehmen lassen?

»Gutmensch« ist doch eigentlich eine positive Bezeichnung, der ich versuche gerecht zu werden. Gutmenschen haben beste Absichten, möchten bestimmte Probleme lösen und damit »die Welt verbessern«. Dazu stehe ich. Ich bemühe mich auf jeden Fall, ein guter Mensch zu sein, der sein Denken und Handeln selbst hinterfragt und für andere Menschen offen und zugewandt ist – egal, wo sie geboren sind.

Für mich war von Anfang an klar, dass die Feinde der Menschlichkeit mich und meine Mitstreiter als Feinde wahrnehmen und bekämpfen würden. Aber es war ebenfalls klar: Wir dürfen dennoch nicht schweigen, sondern wir müssen handeln. Und irgendjemand muss ja unsere Demonstrationen, Mahnwachen und Protestaktionen bei den Behörden anmelden. Manchmal war und bin auch ich dieser eine. Und in solchen Fällen gibt es keine Sicherheit, was dann passiert.

Der Begriff »Sicherheit« spielt auch in der Bibel eine wichtige Rolle, nur wird dort von Schutz und Bewahrung gesprochen. Besonders die Psalmen betonen, wie wichtig es ist, beschirmt und behütet zu sein.

Der Begriff »behütet« kommt aus der Viehzucht. Er ist uns in der Lüneburger Heide besonders gut bekannt. Seitdem es hier wieder Wölfe gibt, muss ein Schäfer seine Herde nicht nur hüten, sondern auch wieder behüten. Immer wieder reißen Wölfe Schafe und andere Nutztiere.

Der biblische Psalm 23 erwähnt, dass die Hirten für das »Behüten« einen Stecken benutzten. Einen langen Stab mit einer kleinen Schaufel an der Spitze und einem sogenannten Beinfanghaken, der heute »Schäferschippe« genannt wird. Ein multifunktionales Werkzeug, das nicht nur dazu geeignet ist, ein Schaf einzufangen, sondern auch derart stabil ist, dass damit im Ernstfall ein Raubtier abgewehrt werden kann.

Im vierten Vers des 23. Psalms heißt es: »… und ob ich schon wanderte im finstern Tal, fürchte ich kein Unglück, denn dein Stecken und Stab trösten mich.«

Was für ein Vertrauen kommt in diesen Worten zum Ausdruck! Über Generationen hinweg ist dieser Text für viele Menschen zum Symbol geworden. Er verspricht Sicherheit und Geborgenheit bei Gott, gerade auch angesichts von Bedrohungen. Das bedeutet natürlich nicht, dass wir dadurch aus der Gefahr einfach herausgenommen sind. Aber wir haben die Zusage: Gott ist bei uns, wo immer wir auch sind.

Und in einer Gesellschaft, in der Alltagskämpfe mit Ellenbogen und spitzen Zungen immer mehr zunehmen, wird der 23. Psalm auch zu einer Mahnung: Werdet füreinander zu Hütern! Passt aufeinander auf! Der Psalm mahnt uns, dafür Sorge zu tragen, dass auch der Nächste, der Übernächste und sogar der Allerletzte gut behütet durchs Leben gehen.

*

An Gott habe ich gezweifelt, als der norwegische Rechtsextremist Anders Behring Breivik am 22. Juli 2011 Anschläge gegen Regierungsangestellte in Oslo und gegen Jugendliche in einem Feriencamp auf der Insel Utøya verübte, denen 77 Menschen zum Opfer fielen. Diese hasserfüllte Tat ist mir damals sehr nahegegangen, besonders weil so viele junge Menschen betroffen waren. Das Böse trat hier in übelster Form in Erscheinung.

Ich bin auch zutiefst erschrocken über die Ausschreitungen in Chemnitz im vergangenen Jahr. Dort gab es Hetzjagden auf Menschen, nur weil sie »ausländisch« aussahen. Dazu öffentliches Zeigen des Hitlergrußes ohne jede Scheu und vieles mehr. In Chemnitz wurden massiv Grenzen überschritten.

Verbal verletzende Grenzüberschreitungen sind in letzter Zeit wiederholt von AfD-Politikern begangen worden. In Chemnitz hat ein rechter Mob Taten folgen lassen.

Die aktuellen Ereignisse in Chemnitz und anderswo werden von manchen Beobachtern als Ausdruck einer längeren Entwicklung gesehen. Städte, Dörfer und Kreise seien von der Bundesregierung mit dem Zuzug von Asylbewerbern alleingelassen worden. Das räche sich nun, wird gesagt. Ich sehe noch ein anderes Problem: Besonders in Sachsen und Thüringen wurden die Gefahren, die vom Rechtsradikalismus ausgehen, bisher zu sehr verharmlost. Das rächt sich jetzt ebenso.

*

Rechtsradikalismus ist unter anderem deshalb so erfolgreich, weil dessen Anhänger ihre Gegner einschüchtern. Wer sich den braunen Wölfen in den Weg stellt, muss damit rechnen, dass er angefeindet wird. Darin haben meine Familie und ich mittlerweile leidvolle Erfahrungen gesammelt.

Ich musste mir schon oftmals sagen lassen: »Hör doch endlich auf. Denk an deine Familie, denk an deine Gesundheit.«

Ja, wir denken auch an unsere Kinder und passen auf. Aber meine Frau und ich sind uns einig: Wir können die Kommentare der Rechtsradikalen nicht einfach so im Raum stehen lassen.

Üble Diffamierung und Menschenverachtung dürfen nicht salonfähig werden. Wir dürfen nicht weghören. Wir müssen uns zu Wort melden.

Es braucht unsere Stimme, aber auch Ihre Stimme, heute mehr denn je.

Nachklang

August der Schäfer hat Wölfe gehört,
Wölfe mitten im Mai
– zwar nur zwei –,
aber August, der schwört,
sie hätten zusammen das Fraßlied geheult,
das aus früherer Zeit,
und er schreit,
und sein Hut ist verbeult.
Schreit: Rasch, holt die Sensen, sonst ist es zu spät.
Schlagt sie tot, noch ehe der Hahn dreimal kräht.
Doch wer hört schon auf einen alten Hut
und ist auf der Hut – und ist auf der Hut.

Franz Josef Degenhardt[6]

Wilfried Manneke, Jahrgang 1953, studierte Theologie und war anschließend Auslandspfarrer in Südafrika, wo er das Apartheidregime miterlebte und für Rassismus und Menschenfeindlichkeit sensibilisiert wurde. Seit 23 Jahren ist er Gemeindepastor in Unterlüß in der Südheide, wo er sich neben seinem Gemeindedienst dem Engagement gegen Rechts widmet. Nachdem sich ehemalige Konfirmanden von ihm der rechten Szene anschließen, ist die Zeit reif, zu handeln.

2018 wurde Wilfried Manneke für sein Engagement vom Zentralrat der Juden in Deutschland mit dem *Paul-Spiegel-Preis für Zivilcourage* ausgezeichnet.

Christoph Fasel, Jahrgang 1957, studierte in Paris und München Germanistik, Geschichte und Philosophie. Als Journalist war er u. a. für die *Bild*, das Magazin der *Süddeutschen Zeitung* und den *stern* sowie als Chefredakteur für *Reader's Digest*, *Bild der Wissenschaft* und *natur* tätig. Er arbeitet als Buchautor, als Dozent an Universitäten und hat schon mehrere Bestseller geschrieben. Das Buch von Wilfried Manneke als Co-Autor zu begleiten, war ihm ein Herzensanliegen.

Quellennachweis

1 »Der Spiegel« vom 16. Februar 1998; http://www.spiegel.de/spiegel/print/d-7828616.html

2 Zitiert aus: Strategien der extremen Rechten: Hintergründe – Analysen – Antworten; herausgegeben von Stephan Braun, Alexander Geisler, Martin Gerster; Verlag für Sozialwissenschaften, 2009, Seite 247

3 Siehe auch: http://www.taz.de/!1189298/

4 Ole Reißmann, SPIEGEL ONLINE, 31.07.2009.

5 Siehe auch: Andrea Röpke, Andreas Speit: Mädelsache! – Frauen in der Neonazi-Szene, Verlag Ch. Links, 2012, Seite 125ff.

6 Auszug aus dem Liedtext »Wölfe mitten im Mai« von Franz Josef Degenhardt © Degenhardt-Erben 2015

Fakten und Zitate im Kapitel »Düütsche Deerns« aus:
Zentrum Demokratische Bildung Wolfsburg (Hrsg.):
weiblich. selbstbewusst.rechts. Frauen im Rechtsextremismus. Wolfsburg 2015.

Die Bibelverse sind entnommen aus:
Lutherbibel, revidiert 2017 © 2016 Deutsche Bibelgesellschaft, Stuttgart, (S. 175, 180)

Einheitsübersetzung der Heiligen Schrift © 1980 Katholische Bibelanstalt, Stuttgart, (S. 92, 125)

FSC
www.fsc.org
MIX
Papier aus verantwortungsvollen Quellen
FSC® C014496

Originalausgabe März 2019

Ein Imprint der Verlagsgruppe
Droemer Knaur GmbH & Co. KG, München.

Konzept und Lektorat: Stefan Wiesner
Cover- und Innengestaltung: Maike Michel
Druck und Bindung: GGP Media GmbH, Pößneck
ISBN 978-3-96340-080-3

5 4 3 2 1